「ほんとのこと」は、親にはいえない

子どもの言葉を生み出す対話

大阪市立大空小学校初代校長
木村泰子

モヤモヤは
親子の
やり直しの
スタート地点
将来、社会に出たら
困らないように
忘れ物
ばっかりして!!
ガミガミ
学力も
つけさせたい
なんで宿題
やってないの!?
人には迷惑を
かけないように
ホラ
あやまって!
ごめん
…いいよ

私の子育て
これでいいのかな…
モヤモヤ
今日もしかりすぎたな
ハアー
そんなときがやり直しのチャンスやで
子どもを変えるんじゃなく自分を変えてみたら
子どもへの指示を「問いかけ」に変えたら
えっ
通りすがりの木村です

はじめに

はじめに

45年の教員生活を終えて、大空小学校を卒業してから6年。相も変わらず全国の学校にお邪魔して、子どもたちや先生たちと会ったり、今だとオンラインでも各地を飛び回ったりしています。インターネットだから「飛ぶ」ことがずいぶんと簡単になりました。じつは私自身の頭がかたいせいで、「学びの場」で子どもたちと直接触れ合うことを重視しすぎて、当初、オンラインと対面は異なるだろうと違和感を持つかと危惧していました。でも今では「よさ」も受け入れられて、自分にしっくりきています。

人は変わる。

自分の体験から、やっぱりそう感じています。

子どもを持つ「親」、親を持つ「子ども」、子どもを見る「先生」、子どもたちについて考える「教育現場や研究者」のみなさん。

私が現在かかわる人は、それぞれ異なる立場の存在です。

でも、変わらないことがあります。

「私（木村）」と「誰か」の関係は、つねに平等でフラットであることです。

どちらかが「教える人」で「教わる人」ではありません。上下もない。

平等って、よく口をついて出る言葉ですが、すごく難しいんですよ。だってね、

「平等な状態を説明してください」と問われたら、即座に答えられるでしょうか。私にはうまく言えません。

でも、「平等ではない」状態はいくらでも具体例を挙げることができます。「平等」でない、「不平等」な状況はいくらでも説明できるけれど、「平等」な状態は「これだ！」とうまく言葉にできない。

親と子どもの関係も、そういうもので「これがうまくいくカタチだ」と言うことができません。

親と子どもは、そもそもうまくいかないものなんです。

だって、なにをもって「うまい関係」だと言葉にできないものだから。

すべての親がそうであるように、「大人」になった自分は、「子ども」ではありません。「子ども」のままでは大人にはなれないからです。だから、人は「大人」になった瞬間に、かつて「子ども」だった自分を忘れてしまいます。「忘れている」という事実も、忘れてしまう。くり返しますが、それが「大人」という存在だから。

親は、先生は、子どもを責めて、自分も責めます。わたしは自分の子どもをあまり育てなかったんですね。かかわらなかった。ひどい親です。でも結果として子どもにはよかったんじゃないかな(苦笑)。そのことも書きました。

この本は、「よい親」「よい大人」をめざす方法も、「よい子ども」を育てる方法も書かれていません。「よい親」「よい大人」「よい子ども」はないからです。

「自分がそうだ」と少しでも感じている人は、ぱらぱらっとめくって読んでみてください。「あれれ？」と疑問に思うことが出てくるのではないでしょうか。

『「ほんとのこと」は、親にはいえない』というタイトルを見て、「そんなことないよ。うちの子はなんでも話してくれる」と思われた方もいるでしょう。でもそれは「ほんとのこと」でしょうか？　そもそも「ほんとのこと」ってなんでしょうか？　そんな疑問も膨らむことでしょう。

そのクエスチョンマークが私と、この本を読んでくれる「あなた」のスタート地点です。それはね、対話の始まり。

疑問を持つ。私に問いかける。

「木村先生、なんでそんなこと言うんですか？」

その問いかけに、私なりにせいいっぱいお答えしていきます。

最初の一歩は、どんな相手であっても、どちらかが持った「問いかけ」から始まります。

この一冊が、あなたとの対話の始まりになるとしたら、どんな対話になるのか、私はわくわくしています。

「先生、私、困ってるんです！　そんな適当なことを言わないでください」

そうなんですね。うんうん。

「なにを困っているんですか？」

私はあなたに問いかけます。

そんなふうに、困りごとが起きているすべての場面が、これからの「未来の始まり」だと気がつけば、「困っている」と感じていることがじつは困りごとでないとわかったり、知らぬ間に抱えていた困りごとに気づいたりするかもしれません。

私には、あなたがどんなふうに感じるのか。対話がどんなふうに始まるのか。まだわかりません。

でもね、この本を手に取ったあなたは、どこか「親として『困っている』と感じている」のではないでしょうか。でも、自分がなにに困っているのかわからない。だからよけいに迷って途方にくれてしまう。

「自分」とは、そういうものなんだと私は思います。自分のことはわからない。

誰かほかの存在のことなんてもっとわかりませんよ。親は子どものことがわからない。子どもにも親のことがわからない。どの親子もそうなんです。

まずそのことに安心してください。

安心できたら、私と一緒に考えてみませんか。

お互いにフラットに、対等に。

「フラットにするってどういうことか、先生わかりません」

そうですよね。始まりましたね。あなたからの問いかけで。

では、しばらくのあいだ、どうぞおつきあいください。

「大空小学校について」

2006年開校の大阪市住吉区にある公立小学校。初代校長を務めた木村泰子（著者）と教職員たちが掲げた「すべての子どもの学習権を保障する」という理念のもと様々な個性を持つ子どもたちが共に学び合う姿が、ドキュメンタリー映画『みんなの学校』として公開され、大きな話題となった。

校則はなし、あるのはたった一つの約束「自分がされて嫌なことは人にしない、言わない」のみ。

木村校長が在任した9年間に転校してきた特別支援の対象となる児童は50人を超えたが、不登校はゼロ。

地域に開かれた学校として、地域住民や学生ボランティア、保護者サポーターなど多くの大人たちが、つねに子どもたちを見守っている。

目次

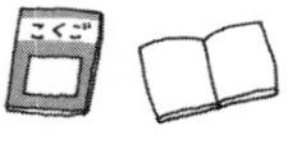
こくご

目次

構成・文／青山ゆみこ
装丁・ブックデザイン／中島三徳
装画・題字・漫画・本文イラスト／細川貂々
校正／ケイズオフィス

第1章

子どもが親に忖《そん》度《たく》するとき

①

「うるせえな、くそばばあ」。
これは「対話の序幕」の言葉です。
通訳するとね、
「私は今から自分の言いたいことを
口にしようとしているけれどあなたは、
聞いてくれますか？」という意味。

目の前の子どもに「教えてもらう」

子どもはね、まだ自分の言葉の数をたくさん持っていません。大人のようにポイントをついて、気持ちを言葉に置き換えられないものなんです。

自分だってかつてそうだったのに、大人になると忘れてしまうんですよ。これ、私も含めて大人の悪いクセ。

「うるせえな、くそばばあ」

これは「対話の序幕」の言葉です。通訳するとね、

「私は今から自分の言いたいことを口にしようとしているけれど、あなたは聞いてくれますか？」という意味。

でもその言葉の意味を大人はなかなか理解できないので、「せっかく話を聞こうとしているのに！　もうこの子は！」。そうやって腹を立てる、叱る。

「人にクソばばあなんて、言ったらダメでしょ」

すると、子どもからは間違いなくこう返ってきますね。

「うるさいんじゃ」

そしてどこかに行ってしまう。せっかく始まろうとしていた対話が、一瞬

にして終わった。終わらせたのは誰ですか？　大人の親です。

「うるさいな、くそばばあ」

そんなこと言われたらやっぱり憎たらしいと思うけれど、この子はどんな思いでそう言うのかなと知りたくなりませんか？

それを教えてくれるのは、目の前にいるその子だけ。心の中は見えないから、言葉にして教えてもらわないと対話は進みません。

その序章の言葉を、「くそばばあなんて言ったらあかん！」とシャットアウトしたら、そこからはなに一つ学びにつながりませんよね。

子どもがせっかくつたない言葉で対話の機会を与えてくれた。「始まるよ」と伝えてくれた。次にどう言えばいいのか。大人は「あなたが今からしようとすることを、受け入れました」と伝えるだけ。私だったら、こう言うかな。

「はい、ババアは認めます。クソはいらないけど」

ね、シンプルでしょ？

親の役目は、目の前にいる子どもが「納得」することを、目の前の「子どもに教えてもらう」ことなんです。「親の言うことをききなさい」では、子どもは納得しません。

「あんた、どうしたら納得できるの？　今なににこだわってるの？」

「私、あんたのなにがわかってへんの。教えて？」

そう聞くしかありませんよね。

子どもに教えよう、押しつけようという自分の立ち位置を変えて、「教えてもらう」。親が、大人が、自分からちょっと変えればできることでしょ。

それだけなんです。

自分の子どもであっても、違う人間でしょう。親もね、ほめられる子を育てないといけないって思ってしまうんです。それがいい子育てだと思いこんで。それが親の未熟さ。私も失敗しました。でも、やり直しだってたくさんできます。

失敗すればするほど、子どもはしつこく問いかけてくれますよ。やっぱりまた、「うるさいな、くそばばあ」ってね。

そう言ってくれているあいだに、自分の立ち位置を変える。かかわりかたが変われば言葉が変わる。そこから対話が始まります。

②

弱い立場の子どもは大人に嫌われたくない。
嫌われたくないから、
本当は「ノー」でも「イエス」と言います。
子どもは弱者だから大人に忖度するんです。

子どもは弱者だから忖度《そんたく》する

教員時代のある日の出来事。一人のベテランの先生が、授業を終えて職員室に戻ってきたら、なんだか顔がうきうきほころんでいました。

「今日はすごくうれしい、幸せなことがあった！」

ほかの先生たちに聞いてもらいたくてしかたがないという様子です。５年生を担当している彼女の話はこうでした。

それまでずっと反抗的な目で自分をにらみつけていた女の子が、初めて「先生大好き、好きや」と言ってくれた。もうこんなうれしいことはない、と。小躍りしそうなくらいに喜んでいました。

彼女に私はこう聞きました。

「ほんまに好きやったら、いちいち『好き』なんて言わへんのと違う？」

まわりの先生たちも「そうや、そうや」。その先生は、急転直下、「ああ、もうあかん。私は立ち直れない」と落ちこんだ姿を今でも忘れられません。

これは大人と子どもの関係性でよくあることです。大人と子どもには違いがある。強者と弱者というポジションが違います。

弱者である子どもは、大人に嫌われたくない。大人に嫌われたい子どもなんて誰もいませんよ。嫌われたくないから、本当は「ノー」でも「イエス」と言うんです。

大人もまた、子どもに好かれたい。それは、人間の本能みたいなもので、人に好かれたいという気持ちは、誰しも持っているものです。

ただ、弱い立場の側が、強い立場の存在に、「○○先生、大好き」「お母さん、大好き」と口にするときは、注意が必要です。

うれしい言葉だから額面どおり受け取ってしまいそうになるけれど、ちょっと踏みとどまらないといけないところ。

この子、私に気をつかっているのかな？

私のなにが、この子に気をつかわせているのかな？

そうした思考を巡らせることが必要な瞬間です。

子どもは家に置いてもらいたかったら、わからなくても「わかった」って言うしかありません。子どもは弱者だから忖度するんです。

子どもが気をつかったときに相手の大人が喜んだら、またくり返します。大人の気持ちなんて見事にお見通しなんです。子どもはかしこいから。

子どもがそういう素振りを見せたときに、「どうしたん？　なにか気をつかってるの？」ぐらい大人が返せば、もう子どもは忖度しません。

子どもが、なんとなく謝ってくることってありませんか？　きっとそれは納得して謝ったのではありません。親に忖度しただけです。ただね、「謝っておこう」という行為は否定しなくていいんです。子どもが自分から取った行動だから。

子どもが自分から関係をなんとかしようと行動してきたら、大人はさりげなく振る舞う。戸惑いながら「ごめんな」なんて言ってきたら、「うん、いいよ」ってぱっと切り替えて違うスイッチをいれる。子どものありのままを受けとめる。微妙で、難しいですけれど。

子どもって、大人以上に忖度していることを、大人は知らない。そう意識するだけで、親はスイッチを変えられると思います。

③

「学校に行けないこと、どう思ってるん？」

と聞くと、ほとんどの子がこう言います。

「行けない自分が悪い……」、
こんなに悲しい言葉はありません。

子どもは100％悪くない。

不登校は子どものせいではない

全国各地でお話しさせてもらっていると、講演会場に親子で来られる方がたくさんいます。講演後、子どもと話をする機会も少なくありません。そんな中で、学校に通えていない何十人もの子どもと出会いました。

私は元教員だけれど、わざわざ講演に来てくれているのだから、少なくとも私とのコミュニケーションを避けているわけではありませんよね。だから、そんな子どもに聞いてみます。

「学校に行けないこと、自分でどう思ってるん？」

ほとんどの子がこう言います。

「行けたらいいけど……行かれへん。行けない自分が悪い……」

こんな悲しい、つらい言葉はないですよ。

私はまず謝ります。

「あんたの学校の先生じゃないけど、先生の代表として謝るわ」

子どもはびっくりして、「なんで謝るの？」と聞いてきます。

「あんたが学校に行けていないのは、あんたのせいじゃない。１００％あなたは悪くない。おばちゃんの言うこと、信じてね」

子どもはきょとんとした顔をしますが、それを横で聞いている親が大泣きするんですよ。

子どもが学校に行けないのは、親は自分のことも責めるけれど、もしかしたらこの子のせいなのかもと悩んできた。どこかで子どもを責めていた。その涙は、「自戒の涙」なんです。

それぞれの学校で、先生たちは一生懸命やっています。

ただ、「不登校」とされる子どもがいる学校は、これまでのやり方を変えられていません。決まりや校則もそうですよね。

それってなんのためにある？「よい子」を育てるため？ 育つどころか学校に通えなくしています。間違っています。

決まりや校則は「手段」です。大人が自分たちの妄想する「よい子？」をつくるために、都合よく指導するために、手段としてつくったルール。

自由に生きている子どもは、そのルールからはみ出すものです。だってそれは、子どものためにつくられたものではないから。そんな意味のないルール内に、自由な発想と心を持った子はおさまらない。違和感を抱きますよね。でも、子どもだから、自分の言葉をまだ持っていないから、「しんどい」「行きたくない」という言葉しか出せずに学校に通えなくなる。結果として、学校から排除されてしまう。それが「不登校」の子どもなんです。

子どもは悪くない。

でも、親がそのことに気づいていない。それはものすごい悲劇、胸が痛くなります。子どものことはもちろん、自分のことも責める必要はありません。そんな暇もありませんよ。親には、親だからできることがありますから。

残念なことに、その子の通うはずの学校は、自分の子どもにかかわってくれない状況ですよね。でも、親は大人としてたった一人、その子にかかわることができる存在でしょ。私は親にこう言います。

あなた一人だけでも、「学校に行けないのは、あんたのせいじゃない」と、子どもに言ってあげてください。理由を子どもに説明できなかったら、『みんなの学校』の木村先生が悪くないと言っていた。それでもいいから。

理由なんてどうでもいいんです。必要なのは、子どもに、「あなたは悪くない」と言ってくれる存在だから。かかわってくれる大人だから。

「それだったら言えます」と泣きながら答える親にたくさん会いました。

学校にルールは必要ありません。必要だとするなら、たった一つの約束だけで十分です。

「自分がされて嫌なことは、人にしない、言わない」

この約束なら、誰一人、「不登校」になんてなりません。ほかの目的として校則や決まりがある学校に「不登校」の子どもがいるなら、それはやっぱり学校が変わらないといけない。子どもはまったく悪くないんです。

すべての子どもが安心して吸える空気が学校に充満していれば、「不登校」なんてレッテルは消えるはずです。

④

イライラやモヤモヤをうまく
伝えられない。助けてほしい。
モノを投げたり蹴ったり暴れたり……。
目の前の「困っている子」に必要なのは、
大人が「あなたの不安をわかっている」と
伝えることです。

イライラを言葉にできない未熟な存在

あるお母さんから先日、聞いた話です。

娘が小学校に入学してすぐの頃、男の子からお腹をパンチされた。怪我もしていないし、子どもの「あるある話」として軽く流していました。でも小学1年生の娘さんにはショックだったようです。学校というまだ慣れない場所で緊張感もあるのに、いきなり男の子からパンチをされたから。

そのうち相手の子が謝りに来た。「ごめんなさい。ぼくが悪かったです」という内容の手紙とお詫びのハンカチを持って。

その手紙、子どもが自分から書いたの？　ハンカチは自分で買ったのでしょうか？

まだ分別がつかない幼い子どもです。そんなことできるわけがない。「謝りなさい」と、親が「させた」ことが容易に想像できますよね。

叩かれた子が求めるのは、謝罪ではありません。また叩かれるかもしれないという「不安」がなくなること。その友だちが味方に変わること。手紙やハンカチをもらっても、味方になったという安心がないと学校に行くのは怖いままです。

その男の子が、もし自分が同じことをされたら嫌だな。そう感じて「ごめんな」と、自分の言葉で語れば、手紙もハンカチもいりません。

私は友だちに暴力をふるってしまう子どもをたくさん目にしてきました。暴力行為をする子どもは、彼ら自身が家庭で殴られているケースが少なくありません。

子どもはなんでも、見て聞いて学びます。殴られたことがなければ「殴る」という行為も知らないはずです。

手紙を書かせてハンカチを添えてくる親は、子どもを力で支配して「させて」いる。困った子には力を行使してもいい。そう考える親の子どもは、友だちを叩いてしまうんです。「自分が困ると力を行使する」ことを、親を見て学んでいるから。

公園でよくある風景。小さい子たちが遊んでて、誰かが誰かを叩いたり、おもちゃを取ったりして泣かせたら、親が出てきて謝らせますよね。

「ごめんね」

「いーよ」

そんなやり取りを子どもに強要する。あれも、親がジャッジして謝らせて自己満足してるだけ。子どもは「ごめん」と言わされてるだけで、納得なんかしていません。納得していないのに謝罪させるって、おかしくないですか。

暴れたり叩いたりする子どもは迷惑をかける子、困った子。大人はよくそう言いますよね。

でも、「迷惑をかけよう」と思っている子なんて一人もいません。「困らせてやろう」と思っているのではなくて、その子自身が困っているんです。まわりの環境にとても敏感に反応して生きてるから。まわりがそのことを理解すれば、その子は誰かを困らせないですみます。

子どもが困っているのは、なにかしらの不安を抱えているからです。でも、子どもの口から「不安」という言葉はあんまり出てきません。

「俺、安心やわー」

「これで安心できるわ」

子どもは「安心」という言葉はたくさん口に出します。

自分が不安を持っていることもわからないのが子ども。イライラやモヤモヤをうまく伝えられない、言葉にできない未熟な存在です。安心できないとき、どう発散するか。助けてほしい。友達を叩いたりしたくない。でもその方法がわからない。そんなとき、モノを投げたり蹴ったり暴れたりする。

「助けてほしい」と率直に表現している、目の前の「困っている子」に必要なのは、大人が「あなたの不安をわかっている」と伝えることです。あなたはいい子だけれど、困っているからそんな行動に出ているんでしょ？　理解できたからその行動を変えていこうね。支えるから。

大人がそうメッセージを返したら、子どもは納得します。もう暴れなくていいと安心できる。暴力をふるう自分をよしとしなくなります。自分で学んで、「自分のため」に暴れなくなります。

まわりの環境が変われば、子どもは暴力をふるわなくていい自分を自分で見つけます。

私がかかわった中で、一番暴れた子がいました。

「俺以上に暴力ふるったやつおる？　俺が一番やろな。でもやり直しの力も俺が一番ついたよな」と言って卒業していきました。「もう、頼むわ……」と、こちらが泣きそうになるほど暴れまくったその子は今、高校3年生で大学進学を目指してものすごく勉強しています。中学校や高校では一度も暴力をふるったり、暴言を吐いたりしてないそうです。

彼には「自分を大事にしたい」という願いがあって、暴力とは違う人とのかかわり方を見つけられたから。

それこそまさにソーシャルスキル、コミュニケーション能力でしょう。それを自分自身で身につけた子どもほど「生きる力」が強い存在はありませんよ。

5

髪は脱色した金髪で、
顔や体中にピアスをつけて、
腕にはリストカットの痕がある。
子どもはわざわざそうやって
目に見えるところに
一生懸命にサインを出しています。

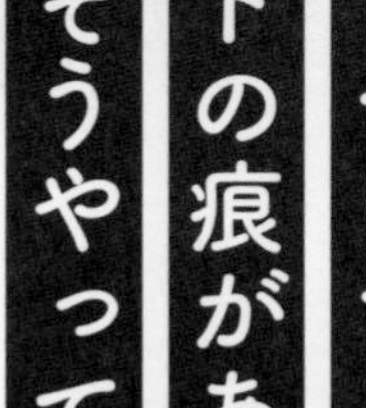

困らせる子なんていない、困っている子ばっかり

髪は脱色した金髪で、顔や体中にピアスをつけて、腕には１００本くらいリストカットの痕《あと》がある。そういう子に何人も出会ってきました。

子どもは純粋です。わざわざそうやって目に見えるところに一生懸命にサインを出しています。無神経な他人に入ってこられないように。もう大人に傷つけられたくないから。

目に見えるサインは、子どもの自衛本能による「自分を傷つける大人とかかわりたくない」という意思表示です。

ある兄弟のお兄ちゃんがまさにそういう子どもでした。

いままで学校を嫌がっていた弟が、なぜか自分から学校に通い始めたのを見て、中学生の兄がある日小学校に来たんです。そして私の前に立って叫びました。

「おまえ、殺したろか！」

自分は小学校も中学校も行けなかったのに、小学１年生の弟は毎日学校に

行くようになった。そういう学校がうらやましくもあり、憎らしくもあり、いろんな感情が入り交じっていたのでしょうね。でも言葉を持っていないから、思いを「殺す」と表現した。

「私にちょっとでも手をかけたら、あんた警察に捕まるで。自分が損するようなことはやめときや」

私がそう返すと、うわーと興奮して暴れそうになった。その姿に「素」の彼が見えたんです。そうか、この子は私をやっつけに来た悪いやつではなくて、「もうこれ以上、俺傷つきたくない」と、極限まで困っている子どもだったのかと。

「殺す」という、これ以上ない強い暴力性を持った言葉しか使えないほど、追い詰められた子どもが目の前にいました。

すさまじい荒ぶりように、まわりの人が携帯から警察に電話する直前という危機的な状況でした。そのとき私の口から思わず出た言葉は、「ごめんな。あんた、しんどかったんやろ。ごめんやで」

「うるさい、くそばばあ、今度殺しに来るから覚えとけ！」

彼は捨てぜりふをはいて、急に学校から出て行きました。

そのお兄ちゃんがね、翌日また弟を連れて学校に来たんです。私が声をかけました。

「あんた九九の７の段言えるか」

「無理」

「それ（金髪）やったら中学に入れてくれへんやろ。うちの職員室で勉強し。九九のプリントもいっぱいあるで」

その日から、中学生のお兄ちゃんは小学校の職員室に通うようになり、小学２年生が覚える九九を学び始めました。横には地域のおっちゃんが座っていて、お兄ちゃんが「やっぱりわからへん」と放り出そうとしたら、おっちゃんが「わしもわかれへん」って(笑)。

ほかの先生が九九の表を出してきて、「答えが全部書いてあるから、これ見たらええねん」と置く。彼が表を見て「７×１＝７」とプリントを埋めたら、おっちゃんが「おまえ１００点やぞ」と丸をする。

職員室を出入りする子どもも、安心してその兄ちゃんを見ています。地域でも指折りの不良と言われている中学生の彼が、小学2年生のプリントをやっている姿を見て、「この人は学ぼうとしている」とリスペクトする心を子どもは持っています。

「すごいな、あの兄ちゃん。髪の毛、まっ金金やけど、不良と違うな」なんて言っていましたね。子どもたちは、自分も「学ぶ」経験をして、今の自分を楽しめているからわかるんです。

「困らせる子なんかいない、困っている子ばっかりや」

そんなことをえらそうに言っていますが、それを一番教えてくれたのが、この中学生のお兄ちゃんでした。

目の前の「困っている子に学べる大人」になれば、子どもはもう傷つかずに、その瞬間に「困らなくなる」。彼が私に気づかせてくれたんです。

6

否定ではなく、「大丈夫か」という問いかけ。子どもは失敗したときにこそ、大丈夫？と声をかけてくれる大人を求めます。

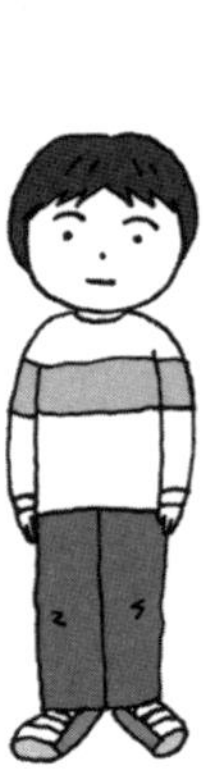

最初の言葉は「大丈夫？」

親は自分の子どもを見ることができないから、よその子を見ればいい。それを実感するのは、こんな子どもの声です。

教室に入ると、自分の親がいる。でも自分には寄ってきません。

お母さんは、なにかに困って「わー！」と暴れている友だちの横についていて、「うんうん。大丈夫か？」なんて声をかけている。その姿を目にして、その母親の子どもはびっくりして私に聞くんです。

「なあなあ、あれ俺のママやねん。大人って二重人格か？」

笑いそうになりながら、平気な顔で返します。

「いや、五重人格くらいあるかもなあ」

「えー。だってな、もし俺があいつみたいなこと家でやったら、『だから何回言ったらわかんの！　絶対ダメ！』ってすごい怒るねん。それやのに、今、ママなんて言うたと思う？　『大丈夫？』って言った！」

そのお母さんは、それまでずっと自分の子どもにべったり張りついていて、まわりの親から「自分の子から離れて、まわりの子を育てに行き」と言われていたんですね。でもまだその助言に心から納得できてはいなくて、不安な思いで「困っている子」を探しに学校に来ていました。

不思議なもので、目の前の子どもがどれだけ暴れても、他人の子だと「この子は困っているんだな」「この子が困らないように一人の大人としてなにができるかな」と、大人の覚悟を持って行動できるんですよ。

そうやって暴れている子の横で、怒るのではなくて、「大丈夫？」と声をかけている母親の姿をその子どもは目にしたんです。

私が彼に逆に質問しました。

「あんたの前で怒るママと、あの子の横で『大丈夫？』って言ってるママ。どっちがいい？」

「あっち」

「そうか。あっちは、あれ誰？」

「俺のママ」

自分には見せていない姿を、友達の前で見せている親のことを、子どもは誇りに感じるんですよ。そうするとするすると親子の関係がよくなっていくものなんです。

彼が驚いたのはね、否定の言葉ではない、「大丈夫か」という問いかけの言葉。子どもは失敗したときにこそ、「大丈夫？」と声をかけてくれる大人を求めます。

私は子どもが失敗をしてもしかりません。失敗を責めたり、怒ったりすると、子どもはチャレンジをしなくなるから。それは大空小学校の教員も徹底していました。

ああ、今困っているな。自信をなくしているな。そういう子は行動が伴わないのですぐにわかります。

そんな子の横に行くとき、最初に出す言葉は「大丈夫？」

子どもって面白いですよ。「大丈夫やったらこんな顔してへんわ」って返してくる子もいます。「そうなんや。じゃあ私は向こうに行っていい？」と言うと「なんで向こう行くの?」と不安を見せたり。そんなときは「ほな、ここにおるね」と伝えるだけでいい。

私なんかはね、「なんかやることある?」と声をかけて、「別に」なんてよく言われるんです。でも「向こう行け」と言われない限り、横にいます。ずっと横にいるだけで怒ったりしない存在だと認識すると、「別に」しか言わなかった子が安心して、自分の心の中に隠していた言葉を出してきます。

なぜ子どもは怒られると感じているのか。「できる子」がいて、「できない自分」がいる。比べられて、否定されてきた自分に自信をなくしているんです。でも、子ども同士では「俺、こんなん全然わからへん。なんでおまえはできんねん」と平気で言い合っていますよね。上も下もない対等な子ども同士の関係性では、お互いは安心できる存在だから。

大人もまず安心できる存在になる必要がありますよね。

「大丈夫?　私なんかやることある?」

そんな問いかけから始まるかかわりが、子どもを安心させるんです。

⑦

「自分は一人ぼっちだ」と思ったとき、
みずから命を絶つ選択をする子どもがいる。
その子が優しければ優しいほど、
親には言わない。言えないんです。

ナナメの関係は、なんとなく守ってくれそうな他人

一番苦しくて、とり返しのつかないこと。それは、子どもがみずから「死」を選び、マンションの屋上から飛び降りたりすることです。

そうやって子どもがみずから命を絶ったとき、「原因はいじめかどうか検証する」なんていう、自分事ではない、他人事で責任を回避するだけの事後処理をする学校関係者の姿を、私も含めて社会のみんながうんざりするほど目にしています。

「子どもがみずから死ぬ」のはなぜなのか、ほんの少しわかる気がしたことがありました。

いじめられて5年生まで学校に行けなかったけれど、大空小学校に来て、6年生の1年間を欠席ゼロで卒業した子どもがいました。

その子と初めて会ったときにこんな話をしました。私が校長だとまだ彼は知りません。

「あんた、なにも悪くないやん。いじめる友達が悪いやろ。それやったら親

や先生に言わなあかんやん」

彼は私の顔をまじまじと見ました。

「なあ、おばちゃんが俺の母ちゃんやったらな、まわりの友達にトイレでパンツ脱がされたりして、いじめられてる俺みたいな情けない息子を持ってたら、悲しくないか？」

ああ、私って本当にまだまだだと、痛感させられました。

「俺、親を悲しませたくないから、そんなこと言われへん」

「そうか。あんた、優しいな」

なぜ、その日初めて出会ったばかりの私には言えたのか？　その子はこう言いました。

「おばちゃんやから……」

今、地域社会で、縦でも横でもない「ナナメの関係」という言葉が提唱されることがあります。わかるようで、ちょっとわかりにくいところもある言葉ですよね。

それはね、子どもにとっては、直接的に関係がある親や先生ではなくて、少し離れたおばちゃんのような他人の存在、「自分が話す言葉で傷つきも怒りもしない、なんとなく守ってくれそう」と思えるような関係性ではないでしょうか。

自分を一生懸命に育ててくれている。そう思えば思うほど、その子が優しければ優しいほど、子どもは親に心配をかけたらあかんと思ってしまう。だから親には言わない。言えないんです。

信頼していないのではなくて、子どもの優しさ。

親は、なぜ自分に相談してくれなかったのか。自分が悪い、私が気づかなかったと自分を責めるけれど、ちがうんです。親を大事に思うから、困っているとは言えない。

子どもは親に自分を見せない。

親は子どものことを知らない。

そして、「自分の味方がいない」「自分は一人ぼっちだ」と子どもは思ってしまう。

一人で抱えるしかない。その限界も超えた。もう楽になりたい。楽になる方法は、社会の大人に学んでいます。電車に飛びこむ。屋上から飛び降りる。そうしてみずから命を絶つ選択をする子どもがいるんです。

木村という私が素晴らしい人格の持ち主だから、いじめられていた子は打ち明けてくれたのか。そうではありません。

彼が言うとおり、「利害関係のない第三者」だったから。彼は話をする前に、私に確認しました。「今から言うこと、絶対に親に言わへんか」と。「誰にも言わない」と約束したあと、初めて口を開きました。

普段どれだけ悪態をついていても、子どもは自分の親に対してこういう優しさを本来持っています。

だから、自分の子どもは育てられなくても、自分の子どものまわりに困っている子がいたら、「おばちゃんになんかできることあるか？」と話しかける。そういう親の姿を見て、自分の子も育つんです。

8

小中学校時代にずっと家に引きこもって、人との関係が断たれてしまったまま大人になること。それがどれほど子どもから多くのものを奪うことを意味するのか……。

「暗い不登校」を「明るい不登校」に

口に出すのも苦しいような事件が、今の社会ではたくさん起きています。親を殺す。子どもを殺す。あるいは、縁もゆかりもない第三者がなんの罪もない通学中の児童の命を奪う……。

こうした事件の背景をひもとくと、かなりの確率で「子どもが学校に通う時期」に原因の要素があると思います。「不登校」もその一つ。

学校に通えなくなった子どもが、授業時間帯に外を出歩いていたらどうなりますか？　今の社会には「自粛警察」があふれていますよね。「学校にも行ってないのに、なんで外を歩いてるんや」。そんな非難が降り注ぎます。子どもは、「世間の目や声が怖い」と感じて、家のなかに引きこもるしかなくなります。

義務教育である小中学校時代にずっと家に引きこもっていたら、その後、高校や大学に進むのが難しくなりますよね。学歴の問題ではなくて、人との関係が断たれてしまったまま大人になること。それがどれほど子どもから多くのものを奪うことを意味するのか……。

「不登校」については、学校に行けない児童の数が年々増え続けていることからも、まず学校側に考えるべき問題が山盛りです。ただ、それを一旦保留にして、親への提案をしますね。

子どもの「学びの場」は家がベースでもオッケーと切り替える。最初にするのは、子どもを安心させることです。

「もう学校に行かんでいいよ。家でできることいっぱいあるから大丈夫」でも、このひと言がなかなか簡単には言えないことも知っています。うちの子は学校に行かない。うちの子は「育っていない」。「この子を産んだのは私や。私が悪いから、私のせいでこの子がこんなに苦しんでる」

そう思う親がいます。それはね、本人は気がついていないけれど、自分が思ったことではありません。思わされたんです。学校から、まわりの人から、地域から。思わされて、一人ぼっちになる。誰も味方がいないと感じると、親は自分を責めてしまう。

親子のあいだに起きる痛ましい事件の根源は、ここにあると私はいつも思います。

でもね、一人でも、家の近所でも、ママ友でも、自分の気持ちを理解してくれる人がいたら、きっと前を向けるようになります。誰でもいいんです。朝、通学路で交通整理をしているボランティアのおばちゃんとかね。ちょっと打ち明けたら、「難しいなあ。でも無理はせんとき」なんて言葉をかけてくれる。そういう人と一人でも多く関係を持てたら、親がまず安心できます。

次は、自分が安心したように、子どもを安心させよう、支えようと思える。そのためにはどうしたらいいかな？　そう考えて行動できるようになったら、もうしめたもんですよ。

学校に通っていなくても自分の子どもを支えている、あるお母さんから聞いた言葉があります。

「わが家は明るい不登校です！」

子どもの自尊感情がつぶされるような場所に、無理して通わせる意味がない。もっとやりたいことをやろうと親の意識が変わった。「暗い不登校」が、解放された「明るい不登校」になったんですね。

でもね、これはあくまでこの手段を取るしかなかった、という場合の話。まわりに限られた理解者しかいないという環境で、大人になって生きていく力をつけることは、やっぱりなかなか難しいことだと思います。

くり返しになりますが、本当に変わるべきは学校。そこを保留にするなら、せめて「暗い不登校」を「明るい不登校」に切り替える。それにはまず、親自身がまわりの誰かにＳＯＳを発信すること。

ＳＯＳは、出す側は躊躇《ちゅうちょ》するし、しんどいでしょ？　でも受ける側は意外と重たくないものですよ。自分に置き換えてもそうじゃないですか？　他人だから深刻になりすぎない、安心して甘えたらいいんです。

私は、子どもが行かない学校にボランティアで行ったらと声をかけています。案外話が聞けたりするものですよ。

こくご
ポテト

9

忘れ物をしてくる子に必要なのは、「忘れ物をしない子どもに変える」ことではありません。

忘れ物をする子に説教しても意味がない

私はすごい方向音痴なんです。どれだけ直せと言われても絶対無理。地図を見ても右左がわからない。でも人に聞けば必ずたどり着ける。「人になんでも聞ける」ことが、私の得意なこと。あれ、いつの間にか、方向音痴が私のよいところ、長所に変わりましたね。

「先生、うちの子は忘れ物が直らないんです。どうしたらいいでしょう」

困った顔で相談してくるお母さんに、もう飽きるほど会いました。無理なものは無理。忘れ物するのも当たり前。わざとしているわけではないのだから、怒っても意味がありません。私の方向音痴と同じです。

子どもに必要なのは、「大人の指導」ではなく、「子どもの自律をコーディネートする」大人です。

私が教員になって以降、変わらなかったやり取りがあります。

授業のとき、子どもがなにかを忘れたと言ってくる。そのとき、私は「そう、それで？」と聞くだけ。忘れるのはしかたがないことでしょ。誰だって完璧じゃないから。

重要なのは、なにかがないことによって、子どもの学びの時間が失われてはいけないということです。

体育の授業で、体操服を忘れた子どもがいました。

「どうする？」

「友達に借りてくる」

貸してもらえる友達がいれば「やったー」でオッケー。普段の友達づきあいがなくて、貸してもらえないこともあります。

「貸してくれへんかった」

「じゃあどうする？」

目的は、自分が体育の授業に参加すること。どうすればそれが可能になるのか考えないといけませんよね。

「着替えずに、この服のままする！」

「ドロドロになったらお母さんに怒られへん？」

「怒られる……」

そうやって困り果てるまで考え尽くすと、子どもは次は困らないようにしようと自分で思う。結果的に忘れ物が減っていきます。

先生が「だから言ったでしょ」と説教をしても意味がない。体操服をどこかから持ってきて与えるのは、「考える機会」を奪うお節介。

あるとき、考え尽くして最終的に「俺、上半身裸でやる」と言った子がいました。寒いし、怪我したらどうすると聞くと、「俺が悪いから、怪我してもいいから裸でやる」。

運動場に裸で体育の授業に出ている子の姿を目にして、保健室から先生が飛んできました。

「なにをさせてるんですか！　裸で運動させたら危ないでしょ！」

保健の先生は私に指導して、「おいで。そういうときは、私のところに来るんや」とその子を保健室に連れて行きました。保健室には体操服なんかがたくさんストックしてあります。「これ貸してあげるから」

そして、体操服を着た子と一緒に保健の先生が再び登場して、みんながいる前で、ひと言。

「校長先生、やり直し」

私に告げて去っていく……。いい学校でしょう。

子どもたちは「木村先生、かわいそう」みたいな同情の表情を浮かべて私を見ています。

「あんたが体操服忘れて、私が怒られた……」、なんて笑いで終わるんですけれど。

こういうありのままの大人の姿を見せていました。

忘れ物をしてくる子どもに必要なのは、「忘れ物をしない子どもに変える」ことではありません。

忘れ物をしたとき、その困難をどうクリアするか。そのために考えて行動する力をつけること。それは将来自分を助ける「自律する力」となりますよ。

10

それまでなら、「俺は悪くないねん」と言い返していた彼も、自分も一緒に決めたことだから納得して教室から出ました。

子どもはね、納得すると素直に行動に示します。

友達に暴力をふるわなくなるとき

イライラすると友だちを叩いたり、怒鳴りつけたりする男の子がいました。困るのは、先生ではありません。怖がらされる子どもです。

子どもたちにとって切実なことなので、子どもたちと一緒に考えました。

「暴力をふるう子や友だちをいじめる子がいたら、いじめられる子はどうなれば一番安心できるだろう」

グループになって話をすると、全員が一致した考えがありました。

「いじめた子が教室で大きな顔して、いじめられた子が教室に入られへんかったり、学校に来られへんかったりするのはおかしい」

その中には、友だちを殴っていじめた当の本人も入っているんですよ。でも、自分だっていじめられるのは嫌でしょう。「そうだそうだ」って一緒に声を上げていました。

ではそのためにどうしたらいいか。子どもたちでたくさん方法を見つけながら、あーだこーだと対話がつながっていきます。

最終的に絞って生まれたアイデアはこうでした。

「いじめられた子が教室に行けないのはおかしい。友だちをいじめた子は、教室から出て自分の『やり直し』の場所を見つけて、いじめない自分になったら、自分から教室へ帰ってくる」

いじめる子が、自分からいじめない子になると決心することが一番安心できること。そのための方法を自分たちで決めました。

数日後、友だちをいじめた男の子が、また暴力をふるってしまったんです。まわりの子がすぐに動きます。

「よし。じゃあ、やり直しの場所はどこにする？」

そう聞きながら、彼の机と椅子を持って教室の外に、その子を連れ出しました。

それまでなら、「あいつが悪いから殴ってん。俺は悪くないねん」と言い返していた彼も、自分も一緒に決めたことだから納得して教室から出ました。

子どもはね、納得すると素直に行動に示します。

彼が机と椅子とランドセルを持って、みずから移動したのは職員室でした。朝、学校に来ると、まっすぐに「おはよう」って職員室に来て、休み時間も遊びに行かない。毎日毎日、ずっと職員室にいるんですよ。困ったのは教職員の私たち。

「あんた、頼むから遊びに行ってよ。邪魔やねん」

ある日、私が声をかけると、彼はぼそっと言いました。

「先生、コーヒー飲んで、お菓子食べて休んでてええよ。でも俺は、みんなのとこに遊びに行ったら、またやってしまうかもわからんから行かれへん」

自分がまた誰かを叩いてしまうかもしれない。まだあかん。そう考えてやり直しをしている彼の姿を、学校に入ってくる地域の人も、親も、子どもたちもみんな見ています。

１か月が経ちました。そこまで居座られると、さすがに私たちもほとほと困って、「お願いやから、教室へ帰って」と頼みました。

この子は、「約束」にこだわっている子どもでね、「約束は守らなあかん」

と決めていた。

「俺な、教室に帰って、目の前でイラつくことされたら、絶対にまた殴ってしまうと思う。でもな、俺は『人を殴らへん』って約束した。約束は守らなあかんから、明日から学校休んだほうがええかな」

こう言われたときに、私は自分の大失敗に気がついて汗がにじみました。すぐに教室に走って行って、子どもたちに相談したんです。

「先生、それはあかんわ」

「失敗したなあって思ってるねん……」

「わかった！」

子どもたちの行動は今度も早かったですね。大勢で職員室に駆けつけて、

「おまえ、次にまた殴ってしまったら、またここへ来てやり直ししたらいいやん。いったん帰ろう」

机と椅子をほかの子たちが持って、彼を連れて教室に戻ったんです。その日から彼は一度も友だちに暴力をふるっていません。

なぜか。

彼を見るまわりのみんなの目が変わったからです。

あいつは暴力をふるうし、ちょっと怖いからそばに行かないでおこう。みんなどこかで思っていた。その彼が、「自分が学校に来ないのが一番いい方法かな」と考えるような子だと知ったから。

彼の本音を知ったときに、「こんなええやつやったんか」とみんなの意識が変わった。その教室は、彼にとってイラつく要素のない安心できる場所になったんですね。

先生の仕事は指導ではなくて、そんな思いをつなぎ合わせるコーディネート、通訳すること。教員の力なんてほんとうに微々たるものなんです。

⑪

私と会ってから、
彼女はある決意をした。
「自分で自分の学校を変えよう」と。
突き刺さるような他人の言葉が
子どもを変えた。
そんな子が親も学校も変えていく。

自分の学校を、自分がつくる

20人くらいの小さな講演会での出来事です。お互いの顔が見えるような小さな会場だから、かなり濃密な空気感。

一番前の席に、私をにらむように見ている小学校高学年くらいの女の子がいたんです。2時間ほど話しているあいだ、少し半身になりながら、ぎっと私をとらえて目をそらさない。気になりますよね。彼女を意識して、少人数だしと、参加した人にもなにか話してくださいとうながしたのですが、彼女はぎゅっと口を閉じたまま。

でもわかります。その子が言いたいことをたくさん持っていることを。私が話す内容に反応して、彼女の中で抵抗するような思いがあることも。

終了後、やっぱり気になる。「私になにか言ってくれることあるんとちがう？」と言いながら、その子の横に座ってみました。彼女は、2時間一瞬も私から目をそらさなかったのに、初めてうつむいて、頑《かたく》なに黙りこみました。すると隣にいたお母さんが「先生、この子はこの本を2回読んでます」と私の著書『「ふつうの子」なんて、どこにもいない』をバッグから出したんです。

「すごいな！　なんで2回も読んだん？」

やっぱり声は返ってきません。代わりにお母さんが口を開きました。私のその前の本も読んだこと。それ以来、彼女がずっとこう言い続けているのだと。

「大阪に引っ越しをして、大空小学校に転校したい。大空だったら私は学校に行ける。早くお母さんもこの本を読んで！」

あまりに毎日言われるので、母親は引っ越しまで考えていると言うんです。

彼女にもう一度話しかけました。

「大空だったら、自分は学校に行けると思ってるん？」

じっと固まりながらも首を縦に振るのを見て、私ははっきり伝えました。

「それ、大きな間違いやで。今の学校に行けないのなら、大空にも通われへんよ」

大空小学校には、なんらかの困りごとを抱えた子どもたちが、何十人も転校してきました。「助けて」と言うお母さんもその数だけいた。

子どもにぴたっと張りついて学校にくる母親たちに、私が最初に言うことはいつも同じです。学校の前で線を引いて、「ここから一歩も入ったらあかん。あんたが今のまま変わらずに子どもの横にいたら、この子は自律できないから。もし、自分を1ミリでも変えようと思えたら、そのときは自分の意志で学校の中に入っておいで」

みんなその日はわけがわからないという顔をして帰ります。しばらく経つと、ようやく私の言葉の意味を理解していきます。

「大空小学校だったらなんとかなる。大空に救ってもらおう」

他人まかせにそう考える親がいれば、大空小学校も子どもが通えない学校になってしまいます。自分の学校を、自分がつくる。学校や他人にお願いするのではなく、親が、自分の子が学ぶ学校を自分でつくらないといけない。

でも、そのことを伝えきれないまま、私は女の子にダメ出しをしてしまったんですね。母親も子どもも泣き出してしまいました。私もつらかった。だから、メールアドレスだけ渡して、「伝えたいことがあったら自分でここへ送っておいで。必ず返事をするからね」と。

それから3〜4回私にメールをくれました。その子は小学5年生で、自分のために学校に行こうとするのだけれど、やっぱり苦しくて行けない……みたいなことを、自分の言葉で送ってくるんです。私もシンプルな言葉で返す。それだけの関係だったのが少し前に、あるオンラインの講座に招かれたら、そこにその子も母親と参加していて、思わず名前を呼ぶと、画面の向こうでニコーッと笑顔。最後のほうでは、自分から話をしてくれたんです。今年6年生になって、運動会の応援団長になったって。驚くでしょ。

私と会ってから、彼女はある決意をした。「自分で自分の学校を変えよう」という決心。その子はね、私の本を「これを読んで勉強してください」と、担任の先生に渡したというんです。

すると先生が、「えらいなあ。こんな本を全部読んで勉強してるんやね。先生もがんばって勉強するわ」と言ってくれた。その言葉から、彼女は学校に行くようになったそうです。本当にすごいでしょ。

まだ後日談があるんです。

彼女が自分の変化を自己評価して書いた作文が、県で入選したそうです。内容は、「人を大切にする力、自分の考えを持つ力、自分を表現する力、チャレンジする力。人は誰でも変われるから、この4つの力をつけよう」という自分を変えるためのアドバイス。その作文を学校が代表作として県に出したということは、学校をも変えたということですよね。

母親も変わりました。

「自分は娘の困っていることを一番理解できていない大人だった。彼女を苦しめていたのは母親の私でした」と、語れるようになられた。

親ではない、他人の大人が「困っている子」の心に刺さるようなかかわり、それがあれば親も子どもも変われることを教えてもらった、幸せな体験でした。彼女は大人の私たちの師匠です！

第2章

「上から目線」では届かない

⑫

子どもと対話をしていますか。
上から目線の言葉ではだめ。
『正解のないものを見い出すため』に
対話があります。

「対話」と「会話」は違います

みなさん、子どもと対話をしていますか。

私も含めてですが、ほとんどの親は本当の意味で、「自分の子どもと対話ができていない」と思っています。

そんなことはない。うちの家はよく話をして、対話ができている。そう思っているお母さんも多いのではないでしょうか。

「宿題はやったの？」

「ごはんだから早く来て座って」

「ゲームはもうやめなさい」

こういう「会話」はできているのかもしれません。でも、それは「対話」ではありません。

では「会話」と「対話」の違いってなんでしょう。

思いきり簡単に言うと、「対話」とは一切のジャッジが入らないやり取りのこと。ジャッジとは、「アウト」か「セーフ」かを評価することとも言い換えられます。

セーフの子は「よかったね」と表彰状をもらう。アウトの子は「残念でした、次がんばりましょう」という残念賞。

どっちも賞だけれど、そこには「格差」が生まれますよね。大人がわざわざ子どもの中に「格差」をつくっているんです。おかしいでしょ？

ジャッジには「正解を下す」という意味もあります。親は自分の中に「正解」を持っていて、それにつなげることを目的にした言葉を発します。

それは「指示」や「命令」。

その伝達行為が言葉でやり取りされることを、「対話ができている」と勘違いしてしまう親が多い。

でも子どもからすれば、とんでもない話です。

指示や命令を一方的に与えられて、しかたがないから反応しただけで、自分の思いが伝わったとも、親の言うことに納得したとも思っていませんよ。上から目線で「正解」を押しつけられただけだから。

きっとね、親はみんな、子どもとかかわらないと不安になるんです。自分が育てなきゃいけないってね。

そのときに、親と子のあいだであっても、相手の考えていることを聞こうとしているかどうか。

対話って「問いかけ」だから。他者を理解するため、正解のないものを見い出すためのツールが対話なんです。

親子だから、ちょっと言えば子どもはわかってくれる。毎日言葉を交わしているから大丈夫。

そんなことはありません。

子どもが、「本音を言ってもいい」と思えるのは、ジャッジのない対等な関係性で向き合ってくれる存在だけです。

対等な関係性で、一人の人間として向き合って、言葉のやり取りを交わす。そうした信頼の中でお互いがつながる。それが「対話」なんだと思います。

13

「親」になろうとするのが間違い。「親の覚悟」だけ持って、かかわりすぎない。子どもは自分で育つもの。

親が子どもを育てようとしたらアカン

親ってなんでしょう。

何度くり返しても言い足りないほど重要なことがあります。親とは、どんなことがあっても子どもという弱い存在の「命」を守り抜く存在。これがすべての親、そして大人に課せられた使命ですよね。

日本社会の根深い問題のひとつに、「親は子どもを育てないといけない」と思わせる社会風土があると私は感じています。

そうではない。子どもを殺さない。命を守る。その使命さえ果たせれば、子どもは自分で育つものなんです。

そこを間違えたらあかん。

「間違えた人？」

「はい！」

と、手を上げる私がここにいるんですが……(笑)。

わが家は、普段、顔を合わせないですむような二世帯住宅です。２階では娘の家族が暮らしていて、ただいま娘の息子が中学生の反抗期真っ盛り。やっぱりあれこれの気配は感じるし、孫が学校に行くときのぶすーっとした顔を見ると、なんだか「かわいそうやな」なんて思ってしまいます。

そんなことは自分が親の立場のときはわからなかったし、見えてもいませんでした。でもね、娘の「子育て」には一切、口出しはしません。夫は孫がかわいいから気になるんですよね。

「私らの子じゃないからほっとき。よそさまの子や」

「冷たいなあ……」

そんなやり取りをくり返しています。

孫は孫で、しんどくなったら階下に降りてきて、なにがどういうこともなく適当に話したり、自分で気を抜いたり、スイッチを変えたりしているんです。私は「そうなん。へー」と聞いているだけ。親と違うかかわり方ができるのは、孫とはいえ、自分の子どもではないから。

私自身が「親として子どもを育てる」ことはしていません。娘たちのことはほったらかし。育ててくれたのは、同居していた私の母でした。

ごはんもすべて母が作ってくれて、毎朝6時過ぎに私が出勤したあと、母が娘たちに朝ごはんを食べさせて学校に送り出していました。

私がしたのはお弁当作りと、それに必ず小さな手紙を添えたこと。片田舎で、中学校にまだ給食がない時代でしたが、娘への手紙はよかったと思いますね。だって、ほかにほとんどかかわりがなかったから。

お昼になって子どもがお弁当のふたを開けると、毎日小さなかわいらしいメモがついていて、なにか書いてある。

友だちが、横で見て、「ええなあ。お母さん優しいな」って。「それはない」と娘はきっぱり返していたそうですが（笑）。そのメモをね、娘の部屋でたまたま見かけたときがあって、「ああ、残してくれているんだな」と。やっぱりうれしいですよね。

でも、かかわりは本当にそれだけ。母が晩ごはんも食べさせて、娘2人が寝静まった頃に私たち夫婦が帰宅するという日常でした。

「親が子どもを育てようとしたらアカン」

私が口癖のようにお母さんたちに言うことを、結果として実践してきた。子育てなんて一切していない。娘たちも私に対して「育ててくれた」なんて思っていません。

ただ、なにかあったときは親として命をかけても守る、という覚悟はありましたよ。

でも、命をかけるまでしなきゃいけないことって、日常ではそんなにありませんよね。だから子どもとさほどかかわらなかった。私の場合、母の存在があってこそ、ではありますが。

どんなやり方でも「子どもを死なせてはいけない」という使命だけは親にある。命を守るために、ごはんを食べさせて、なにかあったら守り抜く。その「親の覚悟」だけでいい。困ったときにいつでも戻ってこれる場所になる、それが親の覚悟です。

その覚悟さえあれば、親が育てようと思わなくても子どもはよそで自分が育つ場所を見つけます。

14

「宿題はやったの？」って口癖のように子どもに言う。でも、なんのために宿題をするのか考えたことはありますか？

「宿題をしなさい」と言うのをやめる

今日も2階から、娘親子のこんなやり取りが聞こえてきます。

「また宿題してないん？」

「したよ」

息子を学校に送り出したあと、先生から「もう1週間、宿題を忘れています」という電話がかかってくる。次はこうです。

「あんた、うそついてたでしょ！」

「いや、あれは……」

「言い訳ばかりしないで、うそなら、うそって認めなさい！」

「うん、ごめんなさい」

それから彼が宿題をきちんとするような子になって終わり、なんてわけがない。同じことのくり返しが日々2階でくり広げられていますよ。

子どもが宿題をしないのは、やらなくても困らない自分がいるからです。宿題なんて大事だと思っていないから。人に言われてやらされているうちは、学びも喜びもないし、自己肯定感も上がりません。

私も、宿題なんかしなくていいと思っているんです。

「宿題をする」ことの意味を考えたことがありますか？　子どもの学力を上げるため？

残念ながら、宿題をしたからといって、見える学力が、たとえばテストの点数が50点から90点に上がるなんてことはありえません。

そのことを冷静に親自身が考えてみれば疑問が湧くはずです。たくさんの漢字を書いている、計算をしている子どもが目の前にいる。

「その宿題って、自分の力をどれだけアップさせてると思う？」と問いかけたら、「そんなもんアップするわけがない」って答えが返ってきますよ。

宿題の意味は、「決まりを守る」という規範だけだから。

そのことに気づくのは、親が子どもに「問いかけ」をしたから。そこから生まれる対話があったからです。

でも、急に対話なんて難しい。そう迷ったとき、最初にすることは一つ。

今まで考えもなくやってきた自分の言動をやめる。シンプルでしょ。

これまで「宿題しなさい」と指示していた。それを「断捨離《ダンシャリ》」するんです。

子どもはね、いつも指示ばかり出してきた人間がなにも言わないことに驚きます。その変化を必ず感じます。

その上で宿題をやらずにいれば当然、翌日は学校で困る。そこは困ったらいいんです。困るからこそ、自分の意志で宿題をするようになる。

本当に「指示の断捨離」って、すごく効果があるんですよ。指示をやめて、ひとりで行動し始めると、子どもは困る。そのときが親に与えられた大きなチャンスです。

ダメなのは、困っている子どもに、「ほら困ることになったやん、私の言ったとおりや」なんて口に出してしまうこと。それはあかん。

「なんでこんなこと間違うの!?」

これも間違いの問いかけ。上から目線ですよね。大人の驕《おご》りです。

こんな言葉に変えてみるんです。

「なあなあ、なんか手伝うことある？」

これが子どもにかける言葉。軽い調子で聞けばいいんですよ。「どう？」みたいに。

安心した子どもはつい本音を打ち明けます。

「宿題多すぎるから無理やねん」

「学校でわからんのに、家でわかるわけないやんか」

安心してるから「わからない」と言えるんです。

親も「手伝うよ」と言いながらも、わからないこともありますよね。それでもいい。親はわからないことを教えるマシーンではないから。「お母さんにわかるかなあ」と、ただ一緒にやってあげればいいんです。

そうした中で、子どもが自分から、わかるようになりたいと行動するようになったら、それは「みずからつかんだ大きな力」ですよね。

⑮

「あなたのために」が子どもを追い詰める。子どもを従わせるために発した言葉はどんどん脅しに変わっていきます。

安心したら本音の言葉を話してくれる

「もう歯を磨いた？　磨かないと虫歯になるよ」

毎日そんなふうに子どもに言っていませんか。それでは子どもは一生、自分から歯を磨きませんよ。親が言わなくなれば歯ブラシも持たなくなって、虫歯になっても歯医者に行けばすむと思ってます。親は親で、言えば磨くので問題ないと思っているんです。

そういうのは、子どもを従わせることを目的にした言葉です。そこから進んでいくと、言葉はどんどん「脅《おど》し」に変わっていきます。

「大人になったときに歯が一本もなくなってるで」

「もうゲームさせたげへんからね」

「そんなことしてたら先生に電話して言うよ」

子どもにとってみたら、これは大人からの脅迫でしょう。

子どもってね、いっぱい悪いことして、失敗して、やり直しをして大人になっていく。１００％フリーで生きています。

親の沽券《こけん》を証明したいために、脅して言うことをきかせても、まったく意味がありません。子どもはただビビるだけ。

「いや、そんなことないんです。子どものために言ってます」

そんな反論が返ってくることもあります。

でも、自分に置き換えて考えてみてください。「あなたのため」という言葉で自分を従えようとする人を信頼できますか？　学校でも、会社でも、国会でも見かけますよね。相手をねじ伏せようとする「あなたのために」。人を追い詰める本当におせっかいな言葉です。

たいていの学校に校則があるでしょ？

中学校だと、スカートの丈とか髪の色とか、違反すると学校に入れない、なんていう校則もあります。これ、ただの人権侵害ですよ。

ここでも反論がある。

「子どもが将来、社会に出たときに、ルールを守れないと困るから」

よかれと思って、「その子のために」と言う親や先生がたくさんいます。

でもね、本当にその子のためを思うのであれば、もっと大事なことがあるじゃないですか。もっともシンプルなこと。髪が何色かどうかの前に、「学校で学ばせる」ことが一番大切ですよね。

私がいた学校で校則をつくらなかったのは、学校の存在する目的は、「すべての子が安心して学ぶ居場所」だと考えているからです。

安心できる場所には、脅しの言葉はありません。

ありのままの自分でいいんだと安心したら、「全然わからへん」「それは違うで」「どうやったらできるん？」「もっとやらせて！」、子どもはどんどん本音を話してくれるようになります。

そのときにね、大人は口をはさまないこと。最後まで自分の気持ちを全部聞いてもらえたら、子どもはとても満足します。

安心できる環境で自分の考えを話し、まわりの友達の考えも聞く。そういう対話をくり返す中で、子どもは自分の言葉をアップデートしていきます。

16

どう言ったら言うことをきいてくれる？そう考えているあいだは、子どもは育たない。

親子の関係性にもリハビリが必要

「うちの子、いくら言ってもゲームをやめないんです。どうしたら言うことをきくようになるでしょう？」

こんな相談を、どれだけ受けてきたでしょうか。

親が「どうしたら子どもは言うことをきくのか」と悩んでいるあいだは、子どもは育ちません。親の言うことをきく子どもは、将来自律できないから。

「どうしたら言うことをきくのか」

まずこの問い自体が大きな間違いです。

「じゃあ、気になっても、なにも言わないでいろということですか？」と返してくる親が大半です。

そうではありません。

大切なのは、「言うことをきかせる」という、子どもとのかかわり方をやめるということ。

子どもの脳ってすごいんです。同じようなパターンで親の説教が始まると、そこから逃れるように働くんです。つまり、「話をきかない」選択をして、危険を回避しようとする。それが「ああ、あとでやる。わかった、わかった」という言動として表現されるんです。

マンガのシーンでもよくありますよね。母親の説教が「ガミガミ」と表現されてますが、あんな感じ。説教の中身はまったく子どもの頭に入らずに、すべて雑音としてスルーされてるんです。

「何回言ったらわかるのか」と悩んでいる親もいます。

何回も言っても変わらないなら意味がない。ないどころか、より自律をしない子どもをつくってしまっている。

「じゃあ、なにも言わずに我慢しないとだめってことですか？」と聞かれることもあります。

それもやっぱり違う。

上から目線で子どもに叩きつけていた、そのやり方を変えるんです。この言葉を使えばいい、こう動けばいい、というマニュアルなんてありません。

言葉のかけ方とか、ほめ方とか、マニュアル本もいっぱい出ていますよね。でも、全国的に売れているようなマニュアル本を実践して、うまくいかなかったとき、「なんでこの子は、このやり方にはまらないの」と子どものせいにするか、本のせいにしてしまう自分がいませんか。

テクニックの問題ではなくて、子どもとかかわるときの自分自身の姿勢を見直すんです。自分はそのままでいて、子どもだけを変えようとすると、子どもはどんどん離れていく。

大人と子どもの違いはあっても、お互いは対等な存在。たとえば、自分が間違っていると気づいたとき、「ごめんね、ママが悪かったわ」と自分の非を素直に伝えられるような関係ですか？　そんな対等な関係になってはじめて対話はスタートします。

相談してきたお母さんは、しばらくするとまた困った顔で来て、「私が変わろうとして、あれこれ言うのをやめたら、いい気になってね、図に乗るんです。こんなの我慢するの無理！」

だいたいがそのパターンに陥ります。

「あのさ、それほど自分勝手な大人の姿ってないで」と、こういう話をします。いままで「言うこときけー！」と上から目線でふってくる言葉に対して、子どもは危険地帯から逃げようとしていた。それが、ある日突然、「ああ、いいよ」と変わった。それまでの強い力が突然消えたら、子どもはどう思うか。強く迫られてきた分だけ、子どもはのさばって当たり前ですよね。「今さらなんや、気持ち悪いな」と感じるかもしれない。それはね、「リハビリ」なんです。

子どもはすぐには変わらないかもしれません。怪我をしたらリハビリをするように、親子の関係性にもリハビリが必要です。

「どうしたら言うことをきくのか」から「どうしたらできるようになるかな」という「問いかけ」に変える。リハビリ期間を経て、必ず関係性は変わります。親が変われば子どもも変わるんです。

さぁママに
なんでも話して
ごらん!!
……

17

子どもから本当に言いたい言葉が出る
それがコミュニケーション。
だから先生も親も、
子どもに「はい」と言わせたら
「アウト」なんです。

子どもを主語にして問いかける

親や先生は、子どもに「はい」と言わせたいでしょう。勝ったようで気持ちがいいから。でもそこにあるのは「わからせた」という自己満足だけ。「はい」という二文字は、子どもが持っている自分の言葉や思いや考えを断つ言葉だと思います。

子どもに「はい」と言わせないようにかかわれば、子どもは「はい」の代わりに自分の言葉を伝えるしかありませんよね。

「俺、嫌や言うたら嫌や」

「いや、それは無理」

「ほんまは、こんなことしたいねん」

子どもから本当に言いたい言葉が出る、それがコミュニケーションでしょう。だから先生も親も、子どもに「はい」と言わせたら「アウト」なんです。大人が子どもに「はい」と言わせないかかわりをつくること。これね、結構、難しいんですよ。

いろいろな学校に授業を見にいくと、子どもが「はい」と言うのが麗しい、みたいな空気を感じることが少なくありません。

そういう授業の終わりに、先生が子どもに投げる言葉があります。

「わかりましたか？」

これはね、親が「あんた、わかってんの？」と言ったとき、子どもが「はい」と言うしかないのと同じです。わからないって返すと、怒られるかもしれない。それで休み時間が短くなったり、面倒なことになることを子どもは知っていますからね。

「わかりましたか」は問いかけではない。「はい」の二文字を言わせたときと同じ、上から目線の悪しき言葉です。

では大人はなんと言えばいいのか。私自身が教師だったときに変えた言葉があります。

「わからないところはどこですか」

そう問いかけるようにすると、それまで黙っていた子どもたちがあちこちで「ここがわからん」「ここもわからへん」なんて言い始めて、ひゃあとなりました(笑)。同時に、ああ、自分は今までコミュニケーションを断絶していたんだなと気づいたんです。

それ以降、「わかりましたか」「はい」というやり取りで自己満足していた自分を変えると決めた。すると、授業は「わからないところがあるのが当たり前」の場に変わりました。

わかることが当たり前の授業をしていたら、教師主導で大人が主語になる。子どもの言葉を引き出すには、主語は子どもじゃないとだめなんです。

「子どもが怒ってる」

「子どもが安心してる」

「子どもが笑ってる」

そのために大人はどんなかかわりを持てばよいのか。「問いかける」ことからしか始まりませんよね。

家庭でも問いかけはできますよね。たとえば、ニュースの報道を一緒に見ているときに「あんたはどう思う?」と、意見を聞いてみるとか。

「どうしたらいいと思う?」

「自分がその人の立場だったら?」

「どこが自分と違うのかな?」

日々そんな問いかけをくり返す。大人が「自分が受け取りたい言葉」を要求しなくなって、緊張しない場での雑談になれば、子どもは安心してぽろっと本当に言いたい言葉を漏らします。

そうやって、子どもが「自分の言葉」で語るという事実をつくれる大人の行動こそ、大事なんです。

18

子どもはね、自分を信用する人、
しない人を瞬時に見分けます。
大人よりずっとかしこいんですよ。
だからまず、
子どもを心の底から信用すること。

一瞬会っただけのおばちゃんに

47都道府県、全国の小中学校に、「子どもに困っている」という校長先生がわんさかいます。

呼ばれて行ったある小学校は、よく世間で言われる「学校崩壊」の状況で、ごっちゃごちゃのわちゃわちゃな教室の光景が目の前に広がっていました。

そうした「荒れた」学校でも、1年生はみんな椅子にちょこんと座って、先生だけが黒板の前に立って授業が進んでいます。

「姿勢を正しなさい」「はい！」

「わかる人、手を上げなさい」「はい！」

先生の指示をビシッと守る子どもの姿がありました。

2年生は、半分は椅子に座っているけれど、半分は教室にいません。先生は教室を出て行った子どもを探してうろうろしていました。

3年生になると、授業が止まっていましたね。椅子の上に立って、「イエ～」なんてわがもの顔ではしゃぐ子がいたり。

4年生のフロアでのことでした。

授業中なのに、一人の男の子が廊下の窓のさんに足をかけて叫んでいたんです。

「俺は落ちて死ぬ～」

先生は慌てて、「なに言ってるの！」と必死におさえている。まわりの子たちは笑いながら、余裕の顔でそれを見ています。

すぐ脇では2、3人の子が教科書ではない本を読んでいました。その子たちは勉強がしたいんでしょうね。でも授業が止まっているので、しかたがなく本を読んでいた。

私は、死ぬと叫んでいる男の子のそばに寄って、こう言いました。

「あんた、そんな急いで死なんでも、人間はそのうち死ぬで」

それだけ言って、あとは知らん顔して立ち去ろうとしたら、「おまえは誰や？」と背中に男の子の声が飛んできました。

「え、聞きたい？　私、ヤスコさん」

「ヤスコさんってなんやねん」

「ヤスコや、私の名前。あんたの名前は?」

その瞬間、男の子が名札を手でぴゅっと隠したんです。「言いたくない」という意思表示。子どものコミュニケーション能力はすごいんです。ちゃんと話が通じてるでしょ。

「いや、言わんでいい。私は言ったけど」

ほなサヨナラ、とまた去ろうとしたら、「おれはな、アッシや!」と怒鳴るような声が追いかけてきました。

「ああ、あっちゃんね。はよ、下りておいでよ」

振りかえってそう声をかけると、「おう」と言いながら窓のさんから下りてきました。私が一緒に行くかと聞いたら、「行くわ、俺も」。

担任の先生は、なぜ私の言うことをきかないのに、知らないおばちゃんのあとをついていくの? という顔をしていましたね。

しばらく一緒に教室をまわった後、上の階に上がるから、「じゃあまたね」と声をかけると、「いつ帰るん?」と聞いてくるんです。

「あと10分ぐらいで帰る」

「また来るん？」

この意味、わかりますか？

一瞬会っただけのおばちゃんに、この子は「助けを求めている」んです。

その子にね、話しました。心配しなくてもいいこと。もう「死ぬ」なんて言わなくても、あんたのいいとこいっぱいあるのに、と。

男の子の声はもう荒ぶってもないし、様子も落ち着いています。その子がこんなことをぼそぼそ言いました。

「だってな、俺の言うこと、誰も信用してくれへん。先生もまわりの友だちも、誰も俺の言うこと信用してくれへん」

私は謝ったんです。

「ごめんな、私は今日あんたと会ったばかりだけど、私はあんたの言うことを信用する。世の中に一人でも信用する人がいるねんから、私のこと大事にしてな」

これはね、「私はあなたを大事にする」ではなくて、大人の私が子どものあなたを「信用する」という意思表示です。

「信用してるから、裏切らんといてな」

「おう！」

そう言葉を交わして別れました。

子どもはね、自分を信用する人、しない人を瞬時に見分けます。大人よりずっとかしこいんですよ。だからまず、大人である親が、自分自身が、子どもを心の底からまるごと信用する。

対話もね、そこから始まるんだと思います。

19

「うちの子は発達障害だから」。人に迷惑をかけてはいけないという空気から子どもにレッテルを貼ろうとしていませんか。

「うちの子は発達障害ではありませんか」

子どもが言うことをきかない。その原因はなんだ？

親のしつけが、育て方が悪い。そんなふうに言葉にされなくても、親はまわりから責められていると感じてしまう。そんな状況が増やしたものは、「発達障害」のレッテルです。

発達障害は親のしつけの問題ではない。その子どものなかにあるものだから、親に責任はない。そこに救いを求めて、「うちの子は発達障害ではありませんか？　診てください！」と病院に駆けこむ親がたくさん現れました。

ほかの誰でもない、親がみずから「発達障害」というレッテルを貼ってもらって安心するということが急増している。「発達障害」の診断は、本来同じ学校で学ぶはずの子どもたちを分断する手段なのに。それが今の日本社会。

実際に、保護者からの要望によって特別支援学校や特別支援学級に在籍する生徒の数は年々増加の一途をたどり、教室が足りない状況が続いています。

うちの子どもが迷惑をかけている。まわりに迷惑をかけないような子にしなきゃいけない。そう思っているあいだ、子どもはもっと迷惑をかけますよ。子ども自身は迷惑をかけようなんて思っていない。ただ、困っているからそういう行動に出ているだけだから。それをわかってもらえない限り、子どもは一生懸命に抵抗するしかないでしょ？

私は「弱者」という言い方がすごく嫌いだったんです。障害のある子や貧困家庭で育った子は弱者、そうではない子は強者。そんなイメージを日本社会がつくっていたから。

でもね、子どもはやっぱり絶対的に「弱者」なんです。一人で生きていけないから。夏休みに突然、親が１か月くらい帰ってこないということが起これば、子どもは３日間は水だけでしのげても、４日目は耐えることができない。死んでしまう。

中学生でもアルバイト禁止ですよね。お金がなければ、コンビニでおにぎりを盗るとか、生きるために犯罪を犯してしまう。それくらい弱い存在。それが子どもです。

この「一人では生きられない」という弱者の条件に、義務教育に置かれているすべての子どもがあてはまります。

すべての大人の前で、すべての子どもは「弱者」です。

「困っている子」の親のなかには、その意味をわかっていない人が多いように思うんです。逆に、大人の自分が弱者だと思っている。自分のほうが「困らされている」と思っているから。


やり直しのスタート地点はここです。


「困らされている」と思っているから問題が起き続けている。ではどうするか。考え方を変えるしかありませんよね。主語を「自分」から「子ども」に変えるんです。

「困らされている」のではない、「困っている」子どもをなにがあっても守る。圧倒的な「弱者」であるその子を守るという覚悟を持つこと。

どうすればこの子が困っていることを解決できるのか、子どもに問いを出せる大人に変わること。「子どもから学ぶ力」を持てばいい。

大空小学校には「発達障害」のレッテルを貼られ、薬を飲んでいる子どもが何人も転校してきました。

でも、「発達障害」だから暴れる、なんて子どもはいませんよ。困ることがあるから、暴れるという表現をしているだけです。

その子のまわりの子どもたちが育ち、「違いを対等に」学び合ったとき、困っている子のまわりが変わったときに、ほとんどの子は薬を必要としなくなりました。子どもたちが教えてくれました。大人がすることは、まわりの環境を調整することです。

薬よりも環境です。私はドクターでも研究者でもありませんが、子どもから学んだ事実は、ほかのなによりも信じます。

⑳

子どもはほめれば喜ぶと思っているとしたら、
それ、子どもを舐めています。
他者の評価で幸せを感じるような生き方を
子どもにさせてはいけません。

ほめて育てれば自己肯定感は育まれる？

「ほめて自己肯定感を高めましょう」
「子どもをよく見て、よいところを探してほめましょう」

そんなフレーズが家庭や学校、育児書など、世の中のいたるところにあふれています。

親はプレッシャーを受けて、子どもを見て、ほめなきゃいけないと焦る。でも、せわしない日常の中、「なかなか時間がないんです」と自分を責める親もいる。真面目な人ほどそうなってしまいます。

でもね、時間なんて関係ないんですよ。

子どもを見るとは、「子どもが今困っていないかな？」という目線を、子どもに発信しているかどうか。困ってないときに、見る必要なんてないでしょ。「わが子のいいところが見つけられない」「ほめられない」と悩む人もいます。

ほめて子どもを育てる。

この言葉は、大人を主語にした、大人の独りよがりなんです。なぜこの言葉があふれているかといえば、大人が一番苦手なことが、子どもをほめることだから。

親も教師も、自分が苦手なことを努力して克服すればいい子が育つと、妄想みたいに信じこんでいるのでしょう。

一度、ある男の子に言われたことがあります。

「大人って、ほめたらいいって思ってない？　ほめられて喜ぶ子ばっかりちゃうで」

その子は「発達障害」のレッテルを貼られて、困り感をたくさん持って転校してきた子どもでした。

私ははっとして、じっくり考えて正直にこう答えました。

「今、そのことを悩んでるねん。私は人にほめてもらったらうれしい。でも、一回ほめられたら、次にほめてもらえなくなると不安になる。だから私はどっちかというと、ほめられたらすごく不安になるなあ」

するとその子は驚いたんです、「えーそうなん？！」と。「違うの？！」と聞くと、こう返ってきました。

「ほめてくれる大人なんて信用できへん。俺は、怒られるやろなあと思って、言いにくいことを話したときに、怒らないで、『ああ、そう思ってたんか、なるほどな。そういうことか。そうなんか』って聞いてくれた人を信用する。そういうのがうれしい」と。

ほめるという行為が目的になっていませんか。子どもはほめればなんでも喜ぶと思っているとしたら、それ、子どもを舐《な》めてます。

たとえば、その子にとってはそれが特別なことではないのに、「君は体格がいいね」とか、「頭の回転が早い」とか、大人がほめることは、まわりの子と比較して評価して格付けをしただけ。そこから子どもに生まれるものは本物の自尊感情ではありません。大人が結果的に、差別や偏見を種のようにまいただけです。

まわりにほめられることで、他者の評価で、幸せを感じるような生き方を子どもにさせてはいけません。いつか社会に出たときに、ほめてもらえないことで苦しむ、そんな結果につなげないでほしいのです。

無理にほめてコミュニケーションをとるのではなくて、子どもが本当に言いにくい本音を話したときに、大人は真正面から受け止めて、否定でも肯定でもなく、その子が言葉を向けてくれたことに「そうなんやね」と返す。それは「私は今、あなたの言葉を聞かせてもらったよ」という、直接的に言わないけれど「ありがとう」という意味の言葉ですよね。

もちろん、ほめることが悪いのではありません。

今までできなかったことができるようになった。心の底から感心したときには思わず口から言葉が出ます。

「わ、すごい、できたやん、すごいやん！」

認めてもらったことで、子どもは「よっしゃ！」と自尊心が高まります。子どもはほめてほしいのではなく、認めてほしいのです。自分が納得した、自分が学んだ、自分が変われたと思うこと。人と違っている自分が当たり前と思えること。自己肯定感が高まるってそういうことなんですよ。

㉑

感染より怖いのは、親の無責任のために子どもが「差別」や「偏見」を持った人間に育ってしまうこと。

コロナ禍の親の姿に子どもは学ぶ

コロナの感染が拡大し始めた頃、医療従事者の親が子どもを保育園に預けられなくなった。そんな報道がありました。

医療従事者の親に「子どもを通園させないでほしい」と言った園長は、おそらくまわりの親たちからあふれる「うつったら嫌やな」という空気に忖度したのでしょうね。そうでなければ、園長がみずからそんな行動は起こさないでしょう。

「まわりのみんな」からの同調圧力に負けて、なにも否がない親子を排除してしまった。これは基本的人権を脅かす差別、人権侵害です。

コロナが現れる前は、ごく当たり前に大問題としてみんなが「そんなんあかんわ」と感じていただろうことです。でも、コロナ禍以降は、「自粛警察」が出現して、「正義」を掲げた差別がまかり通っている気がするんです。

コロナに感染することは誰だって不安。私も怖い。でも、それ以上に恐ろしいのは、そんな大人の姿を目にして、「不安になったら誰かを排除してもいい」と子どもたちが学んでしまうことです。

たとえば、先程の保育園の保護者が５人いて、その中の一人が自分と想定して、自分事に引き寄せて考えてみませんか。

ほかの４人が「あの子が園に来たらうつるから、来ないように園長さんに頼もう」と言ったときに、自分はどういう行動を取るのか。

「自分ではそんなこと思いつかなかったけど、そう言われたらうちの子にうつったら困る。一緒に言いに行こう」

賛同して行動に移すという考えもある。

「未知のウイルスだからうつるのは怖い。でもそれは言いすぎやわ。反対はできないけど、口裏だけ合わせて自分は動かないでおこう」

曖昧に濁《にご》して行動しないこともできる。

迷いますよね。確かなことは、「その子が感染しているかどうかはわからない」ということです。でも、わからないからよけいに不安になる。

ただね、それが不安だと言い始めたら、家から一歩出ると菌だらけ、ウイルスだらけで、スーパーに買い物にも行けません。その子を排除しても、違う場所で感染する可能性は防げませんよね。

全国各地に配達している運転手さんの子どもが、学校から自宅待機を求められ、入学式に出られないというニュースもありました。

「ああ、なんかあったなあ、そういう話……」

そんなふうに目の前にある現実を他人事で終わらせる。これもまた、無自覚なまま親が子どもに間違えたことを教えてしまうことになります。一人の子どもを排除して、まわりの子は安心して入学式を迎えられた。それがオッケーだという親の姿から、子どもが学んでしまうから。

親の無責任のために子どもが「差別」や「偏見」を持った人間に育ってしまう。大人が選択を迫られたときに、思考を停止して誰かを排除すれば、必ず子どもにそのしっぺ返しがきます。

「自分の子がそんなことされたら嫌やから、やめておかへん？」

一人の親がほかの誰かに言えば、その言葉が少しずつ広がっていきます。間違った差別や排除や偏見を、子どもに教えなくてもすむ。

すべての親が自分事に引き寄せて、親と子で「あんたやったらどう？」という対話をするだけでも、子どもは必ず学びます。

コロナは大きな災厄です。そんな中だから、「他人事を自分事に引き寄せる」という「新しい発想」を持つことができる。

一人の自分は無力に感じるけれど、人間同士でつながっていけばチームができる。困った中で切実につながった人たちのあいだに、小さなさざ波が起こり、やがて大きな渦となって社会を巻きこんでいく。

そんな行動を自分から起こす大人に、子どもは憧れるんですよね。

22

半世紀以上生きてきた人間として、
教師として、子を持つ親として、
自身の経験から振り返っても
感情的になって
子どもになにかを言ったとき、
あとに残ったものは後悔だけでした。

感情的になったら子どもは見えない

大人ってね、困ったり、腹を立てたり、自分の感情が動いたときは、絶対に子どもを見ることができないんです。近ければ近いほど、見られなくなってしまう。「かあっ」と腹が立って感情的になったときにとんでもない言葉を子どもに投げてしまう。興奮してるから。

「あんた、誰に物言うてんの」

「おまえや」

そんなこと言われたらよけいに腹が立つ。

でも冷静に考えてみれば、「誰に物言うてんの」と質問されたから、子どもは答えただけなのに。

半世紀以上生きてきた人間として、教師として、子を持つ親として、自身の経験から振り返っても、感情的になって子どもになにかを言ったとき、あとに残ったものは後悔だけでした。

えらそうに言っている私ですが、わが子である娘を感情的に叱りつけ、親の力を行使して、力で言うことをきかせた気になっていた過去があります。

それは後年、きっちりわが身に返ってきました。

娘が子どもを叱っていたある日、「力で言いきかせても効果ないよ」といったアドバイスをした私に娘が一言。

「お母さんにだけは言われたくない」

若いお母さんがうまく子どもにかかわれなくても、それは当たり前です。


では、次に同じように感情的になりそうな自分に出会ったとき、思わず「かっ」となった瞬間に、踏みとどまるにはどうするか。

まず簡単なことから始めればいいんです。「黙ろう」って。なにも言わない。

どうすればいいかわからなくなったら、動きを止める。ただそれだけ。

押しても駄目なら引いてみろ。

昔から、先人が伝えてきたこの言葉、シンプルだけど、案外とても大事で、有効なんですよね。

第3章

なんのために学校に行くの？

23

学校が子どもがありのままの自分を出していい「居場所」になる。そうすれば、行くのが嫌だと思う子どもはいなくなります。

ありのままの自分を出せる場所

子どもには「居場所」が必要です。

そんな話をすると「居場所」ってなんですか？　親や先生から質問が飛んでくることがあります。私は逆に聞き返します。

「自分が安心できる場所はありますか。それってどんな場所ですか？」

「私のことをわかってくれてる人がいる場所かなあ」

「自分のどんな部分をわかってもらいたいですか？」

「うーん。自分の中はいろいろなので、そのいろいろな自分をわかってもらえたら一番ほっとします」

ほら、もう答えを知っているんです。

居場所とは、いろいろな自分の「当たり前」をありのままに出せる場所です。学校も子どもがありのままの自分を出していいところ、「居場所」になる。この条件は揺るぎのないものです。

椅子に座って手はひざに、先生の言うことをきいて「はい」って言う。そうしないと学校にいられないと思っていませんか。暴れたり、じっと座っていられない子は、教室にいてはいけないという価値観を持っていませんか。

子どもたちは、どの子も等しく、自分の「当たり前」に生きています。その「当たり前」は、生まれてから6年間、それぞれ違った環境で育まれたものです。それぞれの家庭は全部違いますよね。親との関係、経済的な事情、住んでいる家、きょうだいがいるか、祖父母と一緒に暮らしているかとか、まるで違う。異なる環境で育つから当然、子どもは一人ひとりが異なる価値観を持っています。

もし学校に「椅子に座ることが当たり前」という一つの価値観しかなくて、それにはめこもうとしたら、異なる価値観を持つ子どもが安心できるわけがありませんよね。

さっき誰かが口にしたように、「自分の中はいろいろ」だから。

じつはね、座っていても安心できていない子どもも多いんですよ。そうしないといけないという価値観を持たされたから、黙って座っているだけです。

暴れる子も、迷惑をかけてやろうと暴れているのではなくて、みんなと同じようにできるなら座るのだけれど、苦しくなって息ができなくなるから立って歩き回っているんです。

それは、子どものありのままの姿。その子は、「いろいろな部分がある自分」という一人の人間としての価値観を出しているのです。

授業中に立って歩き回っている子がいる場所なんて安心できない。そんなふうに感じる親や先生がいます。でも逆でね、それは子どもがありのままの姿を出せる、安心な場所だという証拠なんです。

大事なのは学校がかもし出す価値観よりも、学校に行けない子どもの価値観のほう。教室はしんどいけれど職員室や校長室が安心できるなら、そこで学べばいい。教室だけが学校ではありませんから。

学校がそんな、ありのままの自分でいられる「居場所」になれば、行くのが嫌だと思う子どもはいなくなりますよね。誰一人同じ子どもはいません。自分の居場所を自分がつくるのです。

24

人と人が対面する生の現場だから、想定外の出来事が起きる。想定外はチャンス、生き抜く力を身につける機会です。

オンラインでできるのは「想定内」の学び

講演会で、突然、小さな子どもが「ぎゃあ」と泣き出したことがありました。こういうとき、会場に一人くらいは嫌な顔をする人がいたりします。

「うるさいなあ。親は早く外に連れて行けよ」

そんな表情を浮かべます。子どもの泣き声って大人を不安にさせるから、みんなの注意もそちらに向きますよね。私の話を聞いてくれない。いわば想定外の出来事。でもこれは、私にとってチャンスです。

「みなさん、今驚きましたよね。でも子どもってこんなふうに泣いたり騒いだりするものです。話を伝えるのは私、話を聞くのはみなさん。まわりの声が気になって伝えられない、聞けない、なんて人になってはいけないですよね。学校ではそれがごく当たり前の学びですよ」

そう言うと、その前よりも私の話を「自分事」として引き寄せて聞いてくれます。たった今、自分が体験したことだから切実で、気持ちががらりと変わるんです。人のせいにしない自分の学びを得るチャンスです。

これがオンラインの講演会だと、私は画面に向かって話すだけなので、すべてが自分の想定内で進みます。

生の現場だからこそ、想定外の出来事が起きる。チャンスが生まれる。そのチャンスは、生き抜く力を身につけることにつながります。

「想定内」はなんとかなる。けれど、これから先、今の子どもたちが大人になるときの社会はきっと、「想定外」の連続ですよね。学校には、いろんな子がいて、毎日が突発的な想定外の連続です。そこでぶつかり合って、対話して、やり直しをする中で、自然と生き抜く力を学んでいくのです。

今はコロナの影響で、対面授業が難しい「場」が増えています。

昨年の春、全国の学校が突然休校になりました。まさに想定外の事態。このとき学校からは大量の家庭学習用のプリントが配られました。いつもの学習から遅れないように、家庭で親がマルつけをしてくださいと。

これって、想定外を学ぶチャンスを奪っていると思いませんか。このとき、いつもと違う想定外の日常をどう乗り越えるかと、教員も親も子どもと一緒に考えて、主体的に動けていたら、休校期間も新しい学びの時間になったはずなんです。

授業はオンラインですればいいという動きもありますが、一方通行で先生が話して子どもは聞く。その方法では想定内の学びしかできないでしょう。オンラインにも良い面はありますよ。子どもが困ったとき、「助けて」と自分から学校に発信ができますよね。

先生の側からもできることはあります。まったく発信がない子には、「なにも言ってこないけど、大丈夫か？　いけてるか？」と、生の現場ではできなかった対話を生むチャンス。子どもも言いにくかった本音を、離れているからこそ口にできるかもしれない。そんなオンラインの魅力もあるはずです。

そもそも、対面とオンラインのどっちがよいかという、０か１００かみたいな二項対立の発想から抜け出さないといけませんよね。

25

「廊下を走ってはいけません」、
よく学校で教えることですよね。
でも、誰もいない廊下を歩かなければ
いけない必要はありますか？
主体性ってなんでしょう。

主体性を身につけることが自分の命を守る

「廊下は右側を歩きましょう」

学校でそんなポスターを見たことはありませんか。右側を歩く目的はなんでしょう。誰かにぶつからないためですよね。

ルールに縛られて目的を考えずに右側だけ歩いていたら、左を歩いてきた人にぶつかって怪我をします。本来なら「ぶつからないように歩きましょう」と伝えればいいことです。

外国に行けば、右左のルールが変わります。車にひかれそうでも右側を歩きますか？「廊下の右側を歩く」は大人の指示、ルール。「ぶつからないようにする」は目的。主体的な子どもとは、ルールを守るのではなくて、なぜ自分がそうするのか、理由を考え行動する子どもです。

「廊下を走ってはいけません」

これもよく学校で教えることですよね。でも、誰もいない廊下を歩かなければいけない必要はありますか？

映画『みんなの学校』を観た方は、私や子どもがしょっちゅう廊下を走る姿を目にしたと思います。でも、校長をしているあいだ、廊下でぶつかって怪我をした子は一人もいません。誰かとぶつかりそうなら歩く。一人ならスキップしても走ってもいいんです。そう考えられるのが「主体性」を持つということ。

大人の指示を守ることしかできない子どもは、自分の命を守れません。先生の指示が子どもの命を奪う結果を招いたことがありました。

東日本大震災のあった２０１１年3月11日。
宮城県石巻市の釜谷地区にあった大川小学校。当時、学校にいた78人のうち、74人の子どもが命を失いました。奇跡的に4人だけが生き残りましたが、あとは全員先生の指示に従って命を失ってしまいました。

あの大きな長い地震のあと、子どもたちは運動場で校長からの「避難指示」を待っていました。でも、指示が届かない。50分以上経ってから、先生たちがこれ以上待てないとなり、避難訓練通りに行動しようということに決めました。避難先は、小学校の近くにある北上川の堤防近くの三角地帯と呼ばれる道路でした。

全員で歩き始めたそのときには、もう津波が北上川の堤防を突破しようとしていたんです。すごい音が鳴り響いていた。子どもの何人かが、「あっちに行ったら怖い。山へ逃げよう」と道を引き返して、学校の裏山の方向に慌てて走りだしたんです。

そのときに、「勝手なことをしてはいけない。言うことをきいてついてきなさい」と先生に連れ戻された子どもたちは、津波に命を奪われた。

たった4人だけが生き残った。その子たちは、自分だけが生き残ったというとてつもない苦しい時期を経て大人になって、一人の子は今、「語り部」の活動を始めています。

岩手県釜石市の釜石東中学校と鵜住居《うのすまい》小学校では、「なにかあったら、先生の指示を待たず、自分から山へ逃げて命を守りなさい」と、日常からくり返していたんですね。津波がくる前に、中学生が小学生の子どもの手を引いて、学校へ来ていた子は全員が山に登り、命が助かりました。同じような沿岸地域の教育現場です。

　こうした事実から、私たち大人は、真摯に問い直しをしないといけない。命が亡くなるって、とり返しがつかないことじゃないですか。くり返したらあかん。

　私はいつも考えます。自分がそのときその場にいる教員なら、同じことをしていた可能性は山ほどある、と。

　この話をする目的は批判ではありません。事実として受け止めて、やっぱり問い直しを続けないといけない。子どもを守れなかったのは、同じ日本社会に生きる私たち大人全員でもあると。そのことを言葉では伝えきれないほど感じているからです。

26

「正解なんかない。きれいな言葉とか、かっこよく言わなくてもいいねん。自分が思ったことをそのまま言葉に出すって、ものすごい尊いことやで」

くり返しそう伝えてきました。

「あなたはどう思う？」非認知能力を育む学校

重度の「知的障害」の診断を受けた男の子が、大空小学校に新入生として入学してきました。その子は、保育園で身につけた「いや」という言葉一つだけを持っていました。

彼のお母さんが、初めて会った日に、私をまっすぐに見ながらこう言ったんです。

「先生、この子だけほかの部屋に連れていって個別に教えようなんて、間違ってもやらんといてな」

もう見事なまでにきっぱりとね。

「うちの子に必要なのは、まわりの子どもたちの声や表情やねん。それをキャッチして勝手に育っていくから、特別扱いはいらん。そうしないと、この子は施設以外の場所で生きていかれへんようになってしまう」

「うん、わかった」

お母さんと約束して、その子は教室に入っていきました。読み書きは難しいので、教室でみんなと一緒にいるだけです。やっぱり気になってしまって、改めてお母さんに聞いたんです。

「『特別支援教育で』と頼んでくる親もいるし、名前ぐらいは書けるようにしたいとか思わへんの？」

「先生な、この子がもし名前を書けるようになったとして、それで将来、社会で生きていけると思う？」

彼女が私に伝えたかったのは、そんな堅苦しい言葉にはしないけれど、知能検査で測定できる「認知能力」なんかいらん。心の部分である「非認知能力」がこの子が生きるために大事だ、ということでした。

非認知能力って、人と人とがつながるための力ですよね。教室でみんなのなかにいる自分の子どもを見て、「この子にとってこんなに豊かな教育環境はない」、お母さんはそう直感したんです。卒業まで、このお母さんは一切ブレなかったですね。私はいろんなことをこの親子から教えられました。

「名前を書けると○」「名前が書けないと×」

目に見える「正解」があって、学校がその「正解」を教えることをよしとしたら、認知能力をつける授業がメインになります。でも、非認知能力をつけるなら、そうではない学びが必要になります。

「私はこう思うけど、自分はどう思う？」

問いかけられた子どもは、初めて自分の考えを持ちます。思いを言語化することって難しいでしょう。最初はうまく言葉にできません。そんなとき、友だちがクスクス笑ったり、「そんなん言うたらあかん」と批判したら、そこは大人の出番です。

「正解なんかないで。きれいな言葉とか、かっこよく言わなくてもいいねん。自分が思ったことをそのまま言葉に出すって、ものすごい尊いことやで」

朝会や集会などの場で、くり返しそう伝えてきました。

子どもは育ってきた環境で、耳から入った言葉をありのままに出します。「おはよう」「おやすみ」と優しく声をかけてもらう子もいれば、「はよやれ、どついたろか」と怖い言葉を耳にして育った子もいる。そんな子どもたちが一緒に学ぶことで、社会と同じ多様な空気になります。これがパブリックの学びの場。いろんな言葉があって当たり前なんです。汚い言葉であっても、その子が悪いのではありません。親やまわりから聞いて獲得してきた言葉だから。子どもは家庭を選べませんから。お母さんの言葉だけで生きてきた子は、そこから1年生をスタートしたらいい。習い事に通わせてもらったり、英語教室で教えてもらったりして、言葉をたくさん獲得して入学する子も、どんどん喋ればいい。

どんなに世間の常識から外れる言葉であっても、「自分の言葉」として発されたものは、大人はまず受け取る。

みんながありのままを言葉にすると、今まで知らなかった言葉を子どもは覚えていきますよ。「こっちのほうがいいな」と思ったら、子ども自身が自然にその言葉を使い始めます。

子ども同士の中で新しい言葉を耳から入れて、だんだんと自分の考えてることを「自分の言葉」で語れるようになるんです。

27

「殺す」と口にして、友達を叩いてしまった子がいました。私はそれを違う言葉に言い換えて、子どもに聞いてみました。「この子に死んでほしいの？」大人は通訳するだけでいいんです。

失敗をくり返して自分の言葉を獲得する

「おまえ、殺すぞ」

子ども同士のもめ事のなかで、どきっとするような言葉が飛び出すことがあります。

大人がこの言葉を耳にして額面通り受け取ると、暴力性が強くて恐ろしい子どもだと思ってしまいますよね。

子どもはね、語彙《ごい》が、使える言葉の数が大人のように豊富ではありません。まだ生まれて数年ですよ。何十年も生きてきた大人とは違うのが当然です。


「殺す」と口にして、友達を叩いてしまった子がいました。

私はそれを違う言葉に言い換えて、子どもに聞いてみました。

「この子に死んでほしいの？」

「そんなこと言うてへん」

「でも『殺す』って言ったよなあ？」

「うん。でも『死ね』とは言ってないで。死んでほしいから言ったんじゃない。俺の物に勝手に触ったから、許されへんって思っただけや」
「殺す」と叩かれた子は、「そんなん気がつかへんかったわ。それやったら俺が悪かったわ、ごめん」なんて謝るんです。叩いた子も、「いや、殴ったん俺やから、ごめん」

そんなやり取りをしたあとは、二人で肩を組んで私の存在も忘れてどこかに行ってしまいました。これが、子ども同士が納得し合った対話です。子どもはこうした対話の経験のなかで、言葉の意味をアップデートして、自分の言葉を増やします。

私がしたことは、子どもの言葉を「通訳」しただけ。子どもは通訳された言葉から、本当に伝えたかった自分の思いを自分でも知ることができた。

私もそうですが、大人って言ってはいけない「本音」みたいなものを、誰しもどこかで持っていますよね。その「本音」と「口に出す言葉」に折り合いをつけられるのは、子どもから大人になるあいだに、人間関係で失敗して身につけた「言葉の経験値」を持っているからです。

本音を出すことが悪いのではありませんよ。ただ、「本音を言ったら怒られる」という経験を重ねてしまうと、怒られたくないから、とりあえず謝っておこうと、その場では「ごめん」と言う。でも納得はしていないので、また同じ間違いをくり返します。

大切なことは、その本音をどういう言葉にすれば良いのか学んでいくこと。殴った子と殴られた子が、納得してつながるための対話の場で、「その言葉はダメ」なんてジャッジはしない。大人は通訳するだけでいいんです。

経験を積み重ねて、自分の心の中にある思いを言葉にしていくこと。これが言葉の学びです。

28

「特別扱いはできない」というのは先生の言い訳。どんな子であっても、公平に授業を受ける権利があります。

合理的配慮はずるい？

目が見えにくい人は眼鏡をかけますよね。もし教室に一人だけ眼鏡の子がいても、誰も「特別扱い」とは思いません。これが「合理的配慮《ごうりてきはいりょ》」です。難しく考えなくても、「困りごとをなくすために必要なもの」と置き換えたらシンプルでしょ。

学校はどんな子であっても、公平に授業を受けられる保障をしなければいけません。それはその子が持っている権利なのだから。

たとえば、みんなは黒板を見ながらノートに字を写せるけど、自分はそれができない、ひらがなは書けても漢字は書けないっていう子が大空小学校にもいました。ほかのことでは表現できるけど、漢字のことがしんどいっていう子であれば、ｉＰａｄなどのタブレットを使って、ひらがなを打ちこんで漢字に変換したらいい。

そうした合理的配慮があれば、みんなと公平に授業を受けることができます。眼鏡の役割と一緒ですよね。これが「公平」というものの見方。

対して、「特別扱いはできません」と合理的配慮をしない先生もいます。まわりの子が「ずるい」「えこひいき」「特別扱いだ」と文句を言うから。

これは先生の言い訳ですよね。自分の子どもが困っているとき、「まわりの子のせいで」と言われて納得できますか？　できませんよね。

納得のできる眼鏡と、そうではないタブレットの違いはなんでしょう。ものすごく単純なことです。子どもたちは眼鏡には関心がないけれど、タブレットには興味も関心も山ほどあります。だから、「なんでこいつだけタブレット使えるんや。ずるいわ！」となるんです。

ある4年生の男の子がいました。彼はうまく授業に参加できない子ども。でも教室は大好きなんです。算数の時間に床に廃品を広げて、「時限爆弾」を作っていました。

教室には算数が大嫌いな子もいますよね。面白くないけれど、我慢して授業を受けている子。その子が私に言いました。

「なあ、先生。あいつだけ、なんで算数の時間にあんなことしてんの？」不満いっぱいの顔から、「俺は我慢してるのに、あいつだけずるい」という本音が見えてきます。でも知らん顔をします。

「私にはわからへんわ。知りたかったら自分で聞いてみたらいいやん」

そう返すと「え？　もうええわ」と黙る。私が聞き返します。

「なんでそんなこと聞くの？　なにか思ってることあるんとちがう？」

「俺な、俺もあいつみたいになんか作りたい。算数よりそっちがいい」

ようやく自分の思いを口に出しました。

「ええやん、やれば」

「ええの、ほんま!?」

目がぱあっと輝いて「やったー」と教室から飛び出していきました。

さあどうなるでしょう。時限爆弾を作ろうと思ったら、これがなかなか大変なんですよ。管理作業員室に行って段ボールを集めないといけないし、事務室でガムテープくださいと頼まないといけないし、材料を集める準備だけでも手間も時間もかかります。

5分ほど経った頃、その子が、とぼとぼ教室に帰ってきました。私の顔を見て、「やっぱり算数するわ。俺、なんか作ったりしたいと思っていたけど、やってみたら、あんまりやりたくなかったわ」。

子どものこういう素直さが私は大好きです。自由と言葉には責任がワンセットであることを、子どもは自分で学んだ。爆弾を作っている子が授業中になにをしようと不公平だと思わなくなった。それ以来、「ずるい」なんて一度も言わなくなりました。

タブレットの場合もね、その子がタブレットを使えないと、みんなと一緒にこの授業を楽しめない。自分は困っていないけれど、その子は困っている。自分とその子の違いを子ども自身が見つけて、納得できればいいんです。

「なんでずるいと思うの？」

そんな問いかけから、子どもは必ず自分の答えにたどり着きます。

29

漢字が書けなくて困っている子どもに
「この子はできます」と
熱心に指導してくれる先生。
でも、大人ががんばるほど
しんどくなる子どももいるんです。

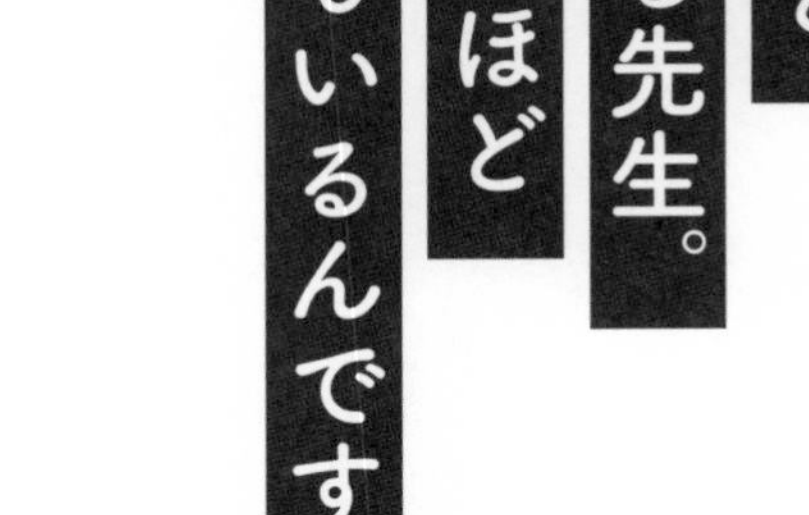

子どもの10年先を想像してかかわる

「4年生のうちの子、読むことは好きなんですが、漢字を書くのが苦手なんです」

一人のお母さんから相談を受けました。

親子で苦戦しながらも漢字を書くことに取り組んできたけど、一向に書けるようにならない。悩んだ挙げ句、病院まで行って「どうやら書くことに問題があるんじゃないか」と言われましたと。

このお母さんはね、子どもと向き合っているから、自分の子に「漢字を書かせる」という勉強の仕方はどうも合理的ではないと感じていました。そのうち「手書きで漢字を書けなくてもいいや」と思うようになった。

「ただ、担任の先生が熱心で、『この子はがんばればできます』って言ってくれるんです。本人は嫌がってるし、どうしたらいいか迷ってます……」

こういう先生は「熱心な無理解者」。なにかのシンポジウムでこの言葉を耳にしたとき、心臓がどきっと跳ね上がるくらい、言い得て妙だと深く胸に刺さりました。

「熱心な無理解者」は、困っている子どもにとって一番ネックになる存在。

先生が熱心にかかわれば子どもが育つか？　残念ながら、先生の自己満足で終わってしまうだけです。

熱心な無理解者は、全国のいたるところにいます。

「この子はできます」と言った先生は、なにを根拠にしているのか。先生は、その子の「今」しか見ていません。でも、学びの場では、子どもの10年先を想像してかかわることが大切です。

お母さんは、「先生は、休み時間も放課後も時間を割いて教えてくれるんです」と、熱心な先生に対して、申し訳なさまで感じていました。

同じような親子とかかわったことがあります。

こちらの子はある日、「漢字を書くために学校に行ってるんじゃない」と言い、次には、「みんなはできるのに、できない自分はダメや」と自分を責めるようになった。最終的に、学校に行けなくなりました。

その子の担任の先生も熱心で、「この子のために」と、家にまで来て漢字を教えてくれる。

親としては、先生に「ありがとうございます」と言うしかない。でもそれが「うちの子を学校に行けなくしていただいてありがとうございます」とは気がついていません。

大人ががんばるほど、子どもは息を吸える場所がなくなる。先生も一生懸命なのに、うまくいかないと自分を責めて病気になってしまったり。そんな「負のスパイラル」の中では、子どもは未来への夢を持てませんよね。

うまくいかないと悩んだとき、自分も「熱心な無理解者ではないか」と疑いを持ってみる。もしそうだと気がついたら、先生も親も「さぼりの無理解者」に変わればいいんです。

「さぼりの無理解者」の私は、その子にこう聞きました。わからないから指導なんてできません。

「字を書くの、しんどそうやなあ。どうしたら楽しくなる？」

「全部ひらがなで書きたい！」

「なるほど！」ですよね。

たとえば、今の、大学入学共通テストはマークシート方式です。社会に出たら、書類のほとんどはパソコンで入力しますよね。手書きで漢字が書けなくて困ることが、その子の将来にいったいどれぐらいあるのでしょうか。

相談してきたお母さんには、お母さん自身もそうだったということを前提に、「熱心な無理解者」の話を担任の先生にしたほうがいいと伝えました。

一方的に子どもの指導を学校に丸投げするのではなく、子どもの10年後の姿に責任を持つのは親。じゃあ10年後の責任を持つ親の話を「先生、一緒に聞いて、一緒に考えて、お願い」って対話を試みたらいい。やっぱり自分が変わらないと、相手も変わらないと思うんです。

30

ある中学2年生の子がみずから
命を絶ちました。彼のお母さんは
「この子を救えなかった。私が悪い」
いつその子のもとへ行こうか、
そのことばかり考えた。
それは、まわりのママ友や
地域の人たちの声がそうさせたんです。

子どもがみずから命を絶つとき

ある中学2年生の子がみずから命を絶ちました。

とり返しのつかないことが起きてしまったその中学校から、彼の命日に、生きることを考える「命の授業」を依頼されたことがありました。命の授業をすると決めたのは、校長先生も代わって、学校が「やり直し」を始めたからです。

まずその子に会わないと、私にそんな大切な授業はできません。

朝7時すぎ、学校に行く前に彼の家を訪れました。お寺の方が来られてお経をあげたあとで、両親と彼のお姉さん、家族全員がそろっていました。仏壇の前で手を合わせ、閉じていた目を開けると、彼が命を絶つほんの数日前に撮られた、みんなで遠足に行ったときの写真が飾ってありました。河原でピースして笑っている元気な姿。

振りかえってご家族の顔を見たとき、なにを思ったのか私、口走ってしまったんです。

「なんで俺は死んでしまったのかなって、今頃この子、後悔してるやろなあ」

それを耳にした途端、お母さんの目から涙がぶわあっとあふれ出しました。
慌てて、自分の不用意な発言をわびました。

「お母さん、ごめんな」

「先生、そうじゃない。今の先生の言葉で私は、生きていける」

その子が命を落としたのは、学校の、担任の発言が原因でした。
荒れた中学校で、クラスも学級崩壊。ワル(悪)三人の男子が担任の先生をいじめていた。まわりの大人が介入して、その先生はひとまず助かりました。ただ、ワル三人はむしゃくしゃのやり場がないでしょ。表面上で解決しただけだったから。荒ぶった気持ちの矛先をどこかに向けないと気がすまない。それが、写真でピースをしていた彼に向けられたんです。

「おまえ死ねよ。うっとうしいねん」

「死ね、死ね、死ね」

彼はその日から毎日「死ね」といじめ続けられた。それなのに、彼は毎朝お母さんの作ったお弁当を持って、にこにこ笑って学校に通っていたんです。

ある日、放課後のホームルームでのことでした。

口を閉ざしてずっといじめられるのを我慢していた彼が、初めてワル三人に言葉を返しました。

「俺が死んだら、気がすむんか？　俺、死のか？」

たったひと言。

「先生、こいつ今日死ぬ言うてます。こいつ今日死にます！」

ワル三人が担任教師に告げた。

すると先生はワル三人をとがめずに、いじめられていた彼を叱ったんです。

「『死ぬ』なんて軽はずみに言うもんじゃない。『死ぬ』なんて言えるのなら死んでみろ。ほんまに死ねる勇気もないのに、そんなこと言うな」

先生の発言の理由は簡単です。自分がまたいじめられるのが嫌だから。強い力を持ったワル三人の味方をした。

その日の学校帰りに、彼は以前住んでいたマンションの14階の屋上から飛び降りました。

ワル三人も、ある意味では被害者です。加害者は担任の先生ですよ。

今の世の中ではこうしたことは氷山の一角、いつでもどこでも、誰にでも起こりうることだと感じています。

彼のお母さんは「私はこの子を救えなかった。なんで私に話してくれなかったのか。気づかなかった私が悪い」と、いつその子のもとへ行こうか、そのことばかり考えて生きてきた。

それはね、まわりのママ友とか地域の人たちの声がそうさせたんです。

「いじめられることより、塾に行かせたりする親がしんどかったのでは」

「家で困ってることがあったからじゃないか」

「親が気づかなかったからだろう」

勝手な世間の風評が耳に入るたびに、お母さんには否定できない自分がいて、自分を責め続けた。

でも私が思わず漏らした言葉を受けて、涙を流してこう話してくれました。

「あの子は思い詰めて死んだのではなくて、『俺、死なないとあかんか』と一瞬そう思って死んでしまったのかもしれない。先生の『今頃後悔してるやろなあ』という言葉で、胸に詰まってた鉛が落ちました」

涙が止まったあと、「この子のためにも、同じようなことがくり返されないように、学校の役に立つように、自分はもう一回生き直します」とお母さんは口にして、その日の「命の授業」をされました。彼のお姉さんと一緒に。

その日以来、このお母さんは全国のいろんな学校で、自分の体験を経験知に変えて子どもたちに語り続けています。

子どもがみずから命を絶つ。まわりの親は他人事なことが多い。勝手な噂を広める親がいれば、その背中を見てまた子どもも同じように育っていく。それはなによりも怖いことです。

もしこれが自分の子だったら？　自分はどんなかかわり方をしたらいいのか。そう考えて行動する親を子どもが見れば、プラスの連鎖ができる。それが大人の仕事です。

31

「邪魔な子を排除したい」気持ちを、
ひたすら隠して、なんとか
2か月ほどやり通しました。
でもやっぱり自分にうそは
つけなくなってくるものです。
「やり直し」の第1号は
この私だったんです。

反省はしない。「やり直し」で成功体験に変える

「隣にある大きい学校より、いい学校と思わせてやろう」

これは、新しくできる小学校の校長になると決まったときに、私が心に誓ったことです。

その学校は、地域住民の反対運動が20年間続いたあとに開校することになった小学校でした。そんなこともあって、ほかの学校と比較して「ナンバーワン」を目指した校長。それが当時のバカな私。教育が目指す方向は、一人ひとりの「オンリーワン」なのに。

無事に開校して、初めての始業式が始まりました。スムーズに進んでいたその最中に、突然、一人の男の子が講堂に入って来ました。誰だかわかりません。彼はうわあっと走り回る。慌てて男の先生が追いかける。子どもたちは男の子と先生の追いかけ合いを見てざわつきます。誰も校長の私の話を聞いてくれません。「いい校長」を目指す私の鼻は、いきなりぺしゃんこにくじかれてしまいました。

彼は、始業式の日に突然転校してきた新6年生の子どもでした。あまりに急だったので、情報が共有されていません。始業式に突然来るほど、親はいろんな事情を抱えていて、彼自身も「困っている」子どもだったんですね。私は「ナンバーワン」を目指す校長として、不安がる子どもたちの前に立っていたので、「うわあ、こんな子がいたらいい学校がつくられへん」「この子おらんほうが、いい学校つくれるのに」と、一瞬思ってしまったんです。

この話を講演会ですると、「なんてひどい人間や!?」と、聞いている人の表情が驚きに変わります。

これは私の失敗体験です。この体験をそのまま置いておくと、自尊感情が下がるだけですが、失敗体験を「やり直し」できれば、成功体験に変えられる。そのことを伝えるために、私はこの話を続けます。

「邪魔な子を排除したい」気持ちを、教職員にも子どもたちにもひたすら隠して、「いい校長」の顔でなんとか2か月ほどやり通しました。でもやっぱり自分にうそはつけなくなってくるものなんです。

私にできる選択肢は二つ。仕事を辞めるか、やり直しをするか。

仕事を辞めるのは、無責任に逃げるみたいで卑怯だと思う自分がいました。子どもたちにそんな大人の姿は見せられません。

こうなったら隠しているものをオープンにして、「やり直し」をするしかないと、覚悟しました。

「悪いけど、全員講堂へ集まってください」

急な知らせに、子どもたちも大人たちもみんな「なんやろ？」とぽかんとしています。私はその場で打ち明けました。自分が入学式で走り回った男の子を見たときに、「こんな子がいたら、いい学校をつくるのに困る」と思った校長であること。それを「やり直し」しなければ、みんなと一緒に学校で学ぶ資格はないと感じたこと。

「だから、みんなの前でやり直しをします。でも、またくり返してしまうかもしれません。そのときは『アウトやで。やり直しをしなあかん』って教えてな」とお願いしました。

「やり直し」の第1号はこの私だったんです。


大人になってから初めて失敗すると、どうしていいかわからなくなって、悪いことに手をそめるような状況に追い込まれる人もいます。でも子どもは、悪いことをして失敗すればするほど、「失敗しない自分」になれる。子どもは失敗するたび、経験知を上げられる。

もし失敗に対して、宿題を増やしたり、休み時間なしで反省文を書かされたりという「ペナルティ」が待っていたら、次に失敗できませんよね。私がそうだったように隠そうとする。うそをつく。うそがばれたらまた怒られる。これが「反省」という二文字に苦しめられている子どもたちの姿。学校や親って反省をさせたがるでしょ。反省しても過去は1ミリも変わらないのに。

「先生、こんなんやってしまってん」

ペナルティや反省がなかったら、子どもはなんでも話してくれるようになります。「お願いやから、それは黙っててほしかったわ……」っていうことまで(笑)。

そんなやり取りができる環境だったら、子どもはみずから「やり直し」ができる。失敗を成功体験に変えられるから、失敗を恐れずチャレンジする子どもに育つんです。

「俺はやり直しせえへん」と1か月間言い続けた子どももいます。そんなときは、吸血鬼のようにぴたあっと横に張りつきます。「やり直しをしろ」なんて一切、言いません。人に言われて起こした行動は、自分の身につかないから。

大人が黙って横にいて待てば、必ず自分から「やり直しに来ました」と来るんですよ。

「あんた1か月かかったけど、自分から来てえらかったな」と伝えると、その子の自尊感情もばーんと上がります。

何度でも失敗して、何度でもやり直しをする。学校であっても、家であっても、それができる環境が大切なんです。

32

私ね、「ふつう」という言葉に
いつも違和感を抱きます。
「ふつう」という同調圧力にのまれて
自分で考えることをやめていませんか。

「ふつう」という同調圧力

日本は民主主義のもと、この国で暮らす全員が基本的人権を持ち、平等に生きる。

そのことが憲法に記されているのは、逆にいえば「不平等」や「差別」があるからですよね。江戸時代から近代へとつづく負の歴史にあらがおうと、戦後の日本は「やり直し」をしようとしてきました。

選挙制度もその一つ。女性の参政権が認められたのも戦後のこと。この選挙って、平等で公平なものですが、同時にそうではない面も持っています。

選挙の基本は多数決。たとえば、A案とB案がある。１００人のうち、51人がA案を選び、残りの49人がB案を「よし」とした。

多数決の結果、A案に決定した。選挙で勝った。だから、残りの49人は「A案に従わなくてはいけません。あなたは負けです。文句も受けつけません」

この本を読んでいる人も、義務教育の中でそんな経験をしていませんか？

なにかを選ぶとき、一人ひとりに自分なりの根拠があって、目的もあります。

「決まった以上はやらなあかん」

これは説得の言葉です。言われたら、納得していなくても従わなくてはならないと思ってしまうでしょう。

「説得」と「納得」は大きく違います。自分ははたして、「決まった以上は諦めろ」という言葉に、納得して生きてきたか。それを自覚することがとても大切だと思うんです。

私ね、「ふつう」という言葉にいつも違和感を抱きます。

「ふつう」ってなんでしょうか？

「ふつう」という言葉を使わないで説明してください。そう問いかけると、ほとんどの人が「数が多い」ことを基準にして答えます。

多数決はわかりやすいカタチですよね。マジョリティがその社会の「ふつう」。多いと○になり、少ないと×になる。「ふつう」と「ふつうではない」ものに分断されて、暗黙のうちに、少数に対して、多数に合わせるように同調圧力を生む。この同調圧力が「ふつう」という言葉に表されています。

たとえばこんなことがあります。

ネットで誰か一人がつぶやいたデマみたいなものが広がって、大きなうねりになった。そのつぶやきを見た人が自分では本当かどうかわからないけれど、数の多い「強い力」に乗ってもいいと思ってしまう。だってそれが「ふつう」だから。

その同調圧力が広がって、いじめのように一人の人間を追い詰めて「自死」という悲劇すら起こす。危機的な状況ですよね。

「強い力に従う」ことを学ぶと、自分で考えることをやめて、指導力のある強いリーダーを待つようになります。上からの指示どおりやっておけば人に文句を言われないだろうと。

でも、そんな考え方は間違いだということが、学校現場でも国の政治でもどんどん露呈していますよね。

今は変われる潮時、大きなチャンス。

自分の子どもが育つためには、やっぱり今、大人が覚悟をする必要がある。覚悟といっても切腹するとかそんな命をかけるようなものではなくて、親が「自分の考えを持つ」という、簡単な思考のスイッチの切り替えです。自分がもし51人の側であっても、残りの49人には異なる考え方がある。彼らはどういう思いなんだろう。目的はなんだろうと想像すること。自分とは違う誰かへの想像力。それが「ふつう」に巻き込まれずに、自分の考えを持つ力となります。

誰かへの想像力ってね、対話の第一歩でしょ。

たくさんの「ふつう」ではなくて、たった一人の目の前にいるその人、その子について知ろうと思うから、言葉が出るんです。

33

「自分の幸せは、
人がくれるもんちゃうで」
自分を大切に想う気持ちは
自己評価から生まれるもの。

自分が変われたとき、自尊感情がぐんと高まる

年間、何十もの講演会に招いていただきます。今はオンライン講演もあります。聞いてくれる人の数が多い講演会だと、「木村先生、すごいですね！」なんて言われたりします。そんなまわりの評価の声で自尊感情が高まるかといえば、単純にそうではない自分に気づくときがあるんです。

20〜30人と少ないけれど全員の顔が見えて熱量を浴びるなかで話したり、たった一人のお母さんと向き合ってぼそぼそと喋ったり。そういう小さな場だからこそ聞かせてもらえる言葉もあって、きれいな言葉すぎるかもしれませんが、「1分前の自分」が知らなかったことを、「今の自分」は知ることができた。「私、ちょっと変わったな」と自分で思うときに、自尊感情がぐんと高まります。

年を重ねても自分が変わることができる、と幸せな気持ちになります。

「自分の幸せは、人がくれるもんちゃうで」

自分を大切に思う気持ちはまわりの評価とは関係がない。自己評価から生

まれるもの。実感をこめていつも伝えています。

全校道徳の時間、風船を使ってこんな授業をしていました。

子どもたちになにも説明もせず、私が風船を口にくわえて、息を吹き込みます。見ると怖いので、私は目をつぶったまま。子どもたちは、「なにしてんの？」と騒ぎます。

頭がふらっとして倒れそうになるほど吹くので、風船はどんどん膨らんでいきます。

「うわあ、もうあかん！」「まだ入るで！」と子どもたちは好き勝手を言う。

「もうあかん、破裂するで！」「もうやめとき‼」

子どもがそう教えてくれたら、息を止めて目を開ける。目にした風船はもうはちきれそうな状態。ぎゅっと口を縛って、「こんなに膨らんだね！」

その日の授業はそれで終わり。みんなは「先生、なにしたいんかな？」ときょとんとしています。

1週間ほど置いておくと、風船はいつの間にかふにゃっとしぼみます。しぼんだ風船をまた全校道徳の授業に持って行き、子どもたちに聞きます。

「くくってるし、穴も開いてへんのに、なんでしぼむんやろう？」

あーでもないこーでもないと言いたい放題の中で、こんな声が上がります。

「膨らしたまま置いとくから、そうなるねん。ずっとな、何回も息を吹きこまなあかんのとちがう？」

「あんたすごい発想やな。そうか、しぼみそうになったら膨らますんか。で、みんなの風船、今どれだけ膨らんでる？」

自分の今持つ力を風船にたとえてみてよ。そう言うと、一人ひとりがジェスチャーで表現します。一つとして同じものはありません。


学期の区切りのコンサートなど、自分がどれだけがんばったかを発表する場がありますよね。

「あんたの風船、どれぐらいまで膨らませる？」

練習している子どもに声をかけてみます。隣の子と比べるのではなく、自分の力という風船がどれだけ膨らんでいるか。

そこに本物の風船があるわけではありませんが、目に見えない自分の力を、目に見える風船に「見える化」して考えたら、ちょっとわかりやすいでしょう。子どもは、自分の中の風船が無理したら割れることも、がんばらないままだとしぼむことも知っています。

発表の後、「自分の風船、どれぐらいになった？」

自分がサボったと感じた子は「あかん、しぼんだ」と言うし、がんばりすぎた子は「もう割れそうや。これ以上は無理せんといくわ」。これが自己評価なんです。

がんばってまわりから評価されても、無理しすぎてぷちっと割れたら終わり。そこの加減が難しいけれど、「自分、がんばりすぎてるな。もう風船がぱんぱんやな」と感じたら、無理をしない。風船がしぼんできたと思ったら、前よりちょっとだけ膨らまそうと、自分で調整する。子どもたちは俯瞰的《ふかんてき》に自分を見る習慣をつけていきます。

「校長先生の風船は、どんなん？」

「私、こんなんや」と中くらいでジェスチャーすると、「もうちょっとしっかりしいや」と励まされていましたね(笑)。

34

子どもって地域の宝ものなんです。
地域の中にいる子どもが、
将来、自分が暮らす地域に戻って、
多様な社会をつくります。
学校はまず固く閉じていた
扉を開けることが必要です。

子どもを守ることは地域を守ること

「木村先生って、子どもと『いい感じ』につながっていますよね」

そんなふうに言われることがあります。たまには、なんとなくコミュニケーションが取れているときがあるかもしれません。

でもね、子どもから見れば、私はどこまでいっても「先生」。一人の「人」として、「おばちゃん」としてかかわろうとしているけれど、それがうまくいっていると感じてしまったら、それは教員の驕《おご》りだと思うんです。

先生と子どもの関係性には、利害関係が生む「温度差」が必ずあります。

親子も同じですよ。子どもは親や先生に気を使うし、忖度をします。

そういう利害関係の外にいる存在が子どもには必要です。それが「地域の大人」。

最近いろいろな学びの場で、「子どもが社会で生きていくために、多様性を育もう」と、よく耳にします。この「多様性」という言葉を聞いて、すぐにイメージが湧く人もいれば、ピンとこない人も多いでしょ。考えたことさえない人もいるかもしれません。同じ言葉を耳にしても感じ方が様々なのは、全員が一人ひとり違う人間だから。そんなみんなが暮らしているのが「地域」なんです。

だから、地域にいるだけで、子どもはごく当たり前に多様性を身につけます。難しく考えなくても大丈夫。

子どもって地域の宝ものなんです。地域の中にいる子どもが、将来、自分が育った地域で、多様な社会をつくる大切な宝。

学校がもし、扉をぴしゃっと閉めて、地域の中で高い塀をつくり、独立国家みたいなところになってしまったら、せっかく吸収できるはずの多様性を、子どもは身につけられません。

そのことで誰が一番困るのか。地域の人でしょう。そう考えたら、学校という学びの場が、地域社会に生きる自分にとっても大切なところだと、大人は気づきますよね。

学校はまず固く閉ざしていた扉を開けることが必要です。

その扉から、地域住民が自分の意思で学校に入っていって、子どもたちの日常を見て知ればいい。「学校に行っても、なにをしたらいいのかわかりません」とか、授業中の教室に入るのはハードルが高いと感じたら、休み時間にふらっと来て、子どもたちの横で日なたぼっこするだけでもいいんです。子どもは、「ときどき見かけるあのおばちゃん、誰やろ」と見ています。

ひなたぼっこをしている大人は、必ず学校の風景に変化を見つけます。

普段は誰もいない運動場の隅っこに、「あれ、今日は一人で座っている子がいるな」と気づいたら、そんなときは子どもの横にしゃがみこんで、草抜きでもしながら、「お、今日は一人やな」なんて声をかければいい。先生にも親にも言えないことも、地域のおばちゃんやおじいちゃんになら、「なんかな、嫌なことがあってん」と子どもは口に出すことができます。利害関係がないから。

今、とても危惧していることがあります。

親が子どもを育てることが当たり前。その考え方は今の日本社会では、もはや通用しなくなっています。親が子どもを虐待して殺してしまうことさえもある……、そんな社会に変わっています。

地域の宝である子どもの命は、誰が守ることができるのでしょうか。親や学校だけに任せずに、「地域の力で守る」と思う大人がいるかどうかで、大きく変わってくるのではないでしょうか。

学校の役割は、扉から入ってくる人が不審者かそうではないかというチェック。「子どもを守ることは、地域を守ること」というミッションを学校と地域が共有する。みんなが安心して暮らすための戦略です。

学校の存在する最大の目的が憲法26条に記されています。子どもの学習権の保障です。でも、子どもが「さようなら」と家に帰り、次の日「おはよう」と登校してくれないと、学校がどれだけがんばっても、その権利を保障できません。学校を出て、帰った家で親に虐待されている子は、学びを、命を奪われる。

もし、自分の地域にある学校の校長が「入らないでください」と校門をぴしゃっと閉めたなら、質問してみてください。

「校長先生、あなた一人ですべての子どもの命を守れますか？」

責めるのではなく、「私も一緒にやりますよ」という思いから、温かく問いかける。大人だから持ち得るそうした寛容さも、子どもはしっかり見ています。

学校が変われば地域が変わります。

地域が変われば社会が変わります。

人に求めるのではなく、大人の自分がほんの少し変わる。そんな大人の行動を子どもに見せてやりたいのです。

おわりに

母親大失敗の私です。

私の母が、娘たちの世話をしてくれていた頃の言葉を思い出します。「今やったら、ちょっとはましな母親になれるかもしれんなあ……」、そうなんですよね。私も娘たちが大人になって初めて「もう一回お母さんできるんやったら、もうちょっとましなお母さんになれるかもな……」って思います。母の「母親やり直したいなあ」を耳にしたとき、言葉ではうまく表現できないのですが、まるごと母を自分の中に受け入れたことを覚えています。

こんな私の失敗を学校で出会う子どもたちがやり直しさせてくれました。やり直しから子どもたちに教えてもらったことを一つでも多く、みなさんに伝えられるといいなあと心から願ってあとがきを書いています。

子どもは大人の心の底を見抜く達人です。言葉にしないだけです。心の奥に持っている言葉を出せないのは、大人がつねに「正解」を持っていることを知っているからです。

大空小学校の子どもたちは、失敗をして困ったら校長室に飛び込んできました。「友だちの物をとってしまったけど、どうしたらいい？」と言う子に、私は「そうなんや。どうする?」と問いかけるだけです。

話しているうちに、子どもは自分の考えを見つけ出して、自分で行動を始めます。どんな個性を持つ子どももみんな一緒。どうして校長には本当のことを言えるのかと、ほかの教職員が教えてもらいに行くと、その子はたった一言、「困ることがなくなるまで校長先生はそばにいてくれる」と言ったそうです。

子どもは「本当のことを言っても、しからないで聞いてくれる」大人を求めています。この安心の体験が子どもの「経験知」にかわり、そんな大人になっていくのです。

それなのに、子育て中の自分を振り返ると、「人の物をとったらあかん」って、子どもにまず、親の「正解」を言っていましたね。この違いはなぜかと考えると、自分がどんな風に育てられてきたかという体験がベースになっているように思います。

「人に迷惑をかけるな」。私たちの世代はそれが「正解」だと教えられて大人になってきました。でもね、コロナ禍の今だからこそ「新しい発想」で問い直しませんか。「迷惑」は、「迷う」「惑っている」ということ。困っているのです。

困らせているのではないのです。

先日、子どもたちとのセミナーで、「コロナにかかった人は困っている人？　それとも困らせている人？」と問うと、多くの子どもが「両方」と答えました。この残念な子どもの言葉は、大人の言葉を聞いているからでしょう。コロナ禍で日本社会の根強い差別や排除などの問題がすべて露呈した今ですが、見方を変えると、子どもたちにどんな大人の姿を見せるのかを問い直すとき、またとないチャンスです。

過去は「断捨離」しましょう。１秒先は未来です。「新しい発想」で子どもといっしょに、「今」を大切につくっていきましょう。

子どもは大人が笑っているときが一番安心するそうですよ。

二〇二一年二月

木村泰子

木村泰子（きむら・やすこ）

大阪府生まれ。武庫川学院女子短期大学（現武庫川女子大学短期大学部）卒業。大阪市立大空小学校初代校長として、「すべての子どもの学習権を保障する学校をつくる」ことに情熱を注ぐ。その取り組みを描いたドキュメンタリー映画『みんなの学校』は話題を呼び、劇場公開後も各地で自主上映会が開催されている。二〇一五年に四十五年の教職歴をもって退職。現在は、全国から講演会、セミナー等に呼ばれ、精力的に各地を飛び回り、学び続けている。

「ほんとのこと」は、親にはいえない
子どもの言葉を生み出す対話

２０２１年３月20日 第１刷発行
２０２３年９月１日 第２刷発行

著者 木村泰子
発行者 木下春雄
発行所 一般社団法人 家の光協会
〒１６２‐８４４８ 東京都新宿区市谷船河原町11
電話 ０３‐３２６６‐９０２９（販売）
０３‐３２６６‐９０２８（編集）
振替 ００１５０‐１‐４７２４
印刷・製本 日新印刷株式会社
乱丁・落丁本はお取り替えいたします。
定価はカバーに表示してあります。

ISBN978-4-259-56684-5 C0095